MÉTHODE ÉLÉMENTAIRE

DE

PLAIN-CHANT.

Imprimerie de GALBAN, rue de Paris, 10, à Belleville.

MÉTHODE ÉLÉMENTAIRE

DE

PLAIN-CHANT

A L'USAGE

DES SÉMINAIRES, DES CHANTRES ET ORGANISTES,

PAR

F. J. FÉTIS,

MAÎTRE DE CHAPELLE DE S. M. LE ROI DES BELGES,
DIRECTEUR DU CONSERVATOIRE ROYAL DE MUSIQUE DE BRUXELLES.

NOUVELLE ÉDITION.

A PARIS,

CHEZ Mme VEUVE CANAUX, ÉDITEUR SPÉCIAL DE MUSIQUE RELIGIEUSE,

RUE SAINTE-APPOLINE, 15.

1846

PRÉFACE.

La dégradation du chant de l'église catholique, commencée dès long-temps, est arrivée à son dernier période, tant par les fautes introduites progressivement dans sa composition, que par la barbarie de l'exécution. Qui pourrait reconnaître aujourd'hui, dans les restes de ce chant, défigurés par les fautes des copistes, par mille traditions capricieuses, et surtout par l'ignorance des chantres, leur insouciance, la précipitation de leur débit, et leur inhabileté vocale, ces mélodies si nobles et si religieuses des beaux temps de la chrétienté? Ce n'est point ici le lieu de rappeler les innombrables altérations que le temps a introduites dans les livres de chant de l'office divin, et de parler de la nécessité de porter un remède à ce mal par des éditions correctes, puisées à des sources pures; j'ai traité ce sujet ailleurs; mais je ne crois pas pouvoir me dispenser de jeter un coup-d'œil sur les causes de l'anéantissement presque total de la science du plain-chant, et de l'incertitude qui règne dans l'esprit des chantres et des ecclésiastiques sur ses principes les plus élémentaires.

L'Italie a possédé presque jusqu'à l'époque actuelle de savants hommes élevés dans des écoles où d'excellentes traditions, concernant le chant ecclésiastique, s'étaient transmises d'âge en âge. La chapelle pontificale de Rome était particulièrement remarquable par l'instruction profonde de la plupart de ses chapelains-chantres. Malheureusement ce sanctuaire du plain-chant n'a plus trouvé les mêmes ressources qu'autrefois, pour recruter son personnel dans les autres chapitres de l'Italie, après les événements politiques qui en ont à peu près détruit l'existence, ou qui du moins les ont réduit à l'état déplorable où elles se trouvent aujourd'hui. Privées de leurs revenus, ces chapelles n'ont pu se soutenir, et la source de l'instruction solide, que beaucoup de musiciens y puisaient, s'est tarie. A proprement parler, il n'y a plus de maîtrise de cathédrales en Italie. La chapelle pontificale même n'est plus, suivant le témoignage de M. l'abbé Baini, le plus illustre de ses membres, que l'ombre d'elle-même. Epanchant ses chagrins dans nos conversations, lui-même m'a dit que beaucoup de précieuses traditions concernant l'exécution du plain-chant, qui étaient encore en vigueur à la chapelle pontificale dans sa jeunesse, se sont insensiblement perdues.

En France, le mal date de plus loin. De tout temps, les chantres de l'église gallicane ont cru leur amour-propre intéressé à s'affranchir des traditions de Rome dans le chant ecclésiastique. Dès le seizième siècle, on trouve la preuve, dans la plupart des livres de chœur des églises de France, que des altérations sensibles s'étaient glissées dans le chant du Graduel et de l'Antiphonaire; mais ce fut surtout au dix-septième que le mal s'étendit avec une déplorable activité. La manie de la composition du plain-chant s'empara d'une multitude d'ecclésiastiques. Ces chants, conçus en l'absence d'une connaissance suffisante des règles de la tonalité, devinrent d'un usage habituel dans les localités où ils avaient pris naissance, et finirent par jeter de l'incertitude dans les esprits, concernant les notions les plus élémentaires de la connaissance des tons ou modes, soit par l'usage anormal des principales cordes tonales, soit par l'introduction dans le chant d'intervalles inusités, soit enfin par le fréquent usage de rhythmes mondains, en opposition avec la gravité du chant romain. Chaque diocèse eut presque son chant particulier, ou du moins eut des traditions locales différentes de celles des autres églises. On ne peut douter de ce fait lorsqu'on fait une comparaison attentive des livres de chant des églises de Paris, de Rouen, d'Orléans, de Sens, de Noyon et de Reims. Cambray, plus rapproché des Pays-Bas, ou plutôt y appartenant alors, restait plus fidèle aux traditions du chant romain.

Cependant, toutes ces maîtrises de cathédrales, et beaucoup d'autres encore, entretenaient des écoles où les principes du plain-chant étaient enseignés à de nombreux enfants de chœur. Si faible que fût l'instruction

que ces enfants y recevaient, il en restait quelque chose. La terrible révo-
lution qui agita le monde pendant les dix dernières années du dix-huitième siècle anéantit tout à coup ces écoles, ainsi que le culte catholique,
dispersa les maitres, et força les élèves à se réfugier de l'église au théâtre.
pour y chercher du pain.

Lorsque le temps de la reconstruction d'un nouvel ordre social fut
venu, on rouvrit les églises, et l'on essaya de retrouver les éléments de
l'instruction chorale; mais la perte du revenu des maîtrises rendit long-
temps cette restauration difficile, et ce ne fut qu'après celle de la royauté
que l'on songea sérieusement à ranimer l'enseignement du plain-chant.
Mais vingt-cinq ans s'étaient écoulés; quelques chantres routiniers étaient
tout ce qu'on avait pu retrouver de l'ancien ordre de choses, et la rou-
tine fut à peu près le seul moyen d'instruction qu'on put ressaisir pour
le chant ecclésiastique. D'heureux efforts, faits dans ces derniers temps,
font espérer un meilleur avenir.

La Belgique, devenue la conquête de la France, partagea son sort en
toutes choses, et se vit aussi privée de son culte religieux. Avant cette
crise, elle avait conservé de meilleures traditions, et le mode d'exécution
du chant y était plus solennel et plus pur. Quelques diocèses, celui de
Tournay, par exemple, avaient de bonnes écoles de plain-chant; ces insti-
tutions eurent le sort de celles de la France : aujourd'hui, l'ignorance
des vrais principes de ce chant y est à peu près complète.

En l'absence de traditions, de bons livres seraient nécessaires; mais
où les trouver? Sans doute, beaucoup d'ouvrages remplis d'une érudi-
tion solide ont été publiés, et renferment de précieux documents pour
l'histoire et pour la théorie du chant ecclésiastique; mais, à les considérer
comme des méthodes d'enseignement, on n'y trouverait rien de ce qu'on
y chercherait. Tous les traités de plain-chant qui ont paru avant le dix-
huitième siècle, ont pour base la solmisation par les *muances*, mal à pro-
pos attribuée à Guido d'Arezzo; méthode qui depuis long-temps a cessé
d'être en usage, et n'est connue que de quelques musiciens érudits. Sans
parler des ouvrages publiés en Italie, lesquels sont tous écrits dans ce système, les meilleurs ouvrages français lui appartiennent, au moins en partie.
Pour n'en citer que quelques-uns, c'est la méthode des *muances* qu'on

trouve dans le *Directoire du Chant grégorien*, de Jean Millet (1), dans la *Science et la Pratique du Plain-Chant*, de Jumillac (2), et dans la *Méthode facile pour apprendre le Plain-Chant*, par un ecclésiastique de Rouen (3). D'autres ouvrages justement estimés, comme le *Traité théorique et pratique du Plain-Chant appelé Grégorien*, par l'abbé Poisson, curé de Marchangis (4), enseignent concurremment les deux méthodes des muances et de la gamme moderne. Beaucoup de traités du plain-chant ont pour base de la tonalité la division des tons en douze ou quatorze modes, sans doute plus rationelle que celle des huit tons établis dans tous les livres du moyenâge; mais l'usage général, et l'indication des huit tons dans toutes les éditions du Graduel et de l'Antiphonaire, rendent cette division incommode dans la pratique, et ne peuvent que jeter de l'incertitude dans l'esprit de ceux qui se livrent à l'étude du chant ecclésiastique. Quel que soit donc le mérite des livres où l'on a pris pour base de la tonalité la division des tons ou modes en onze, douze ou quatorze, on peut les considérer comme n'étant pas destinés à faire renaître un bon enseignement de plain-chant dans les écoles; car la division en huit tons est la seule qui soit d'accord avec les livres de chœur. L'ouvrage publié récemment par M. l'abbé Alfieri (5), de l'ordre des Camaldules, ouvrage fort estimable d'ailleurs, ne peut avoir d'utilité réelle en ce sens parmi nous, et la traduction qu'en a faite M. Miné, sous le titre de *Nouveau Manuel de Plain-Chant* (6), en oubliant d'indiquer l'ouvrage original, partage le même sort. Il en est de même de la *Nouvelle Méthode de Plain-Chant, à l'usage de toutes les églises de France*, publiée par Mathieu (7), ancien maître de musique de la cathédrale de Versailles, qui, séduit par la théorie de Glaréan, a divisé les modes en douze, quoiqu'en réalité on doive en fixer le nombre à quatorze, quand on sort de l'usage pratique des huit tons.

---

(1) Lyon, 1666, in-4°.
(2) Paris, 1673, in-4°.
(3) Rouen, 1699, in-4°.
(4) Paris, 1750, in-8°.
(5) *Faggio storico-teorico pratico del Canto Gregoriano o Romano*, etc. Rome, 1835, in-4°.
(6) Paris, Roret, 1838, in-12.
(7) Paris, Angé, 1838, in-12.

Indépendamment des livres qui viennent d'être cités, il a été publié en France et dans la Belgique une multitude de méthodes empiriques du plain-chant, qui ne peuvent conduire à une connaissance réelle de la nature de ce chant, et dont la valeur est fort mince. Telles sont la *Nouvelle Méthode pour apprendre facilement le Plain-Chant*, par l'abbé Oudoux (1), la *Nouvelle Méthode, ou Principes raisonnés de Plain-Chant*, par Imbert, de Sens (2), et la *Nouvelle Méthode pour apprendre le Plain-Chant*, par Poisson (3), curé de Bocherville. Supérieure à ces livres, quoique bien imparfaite, la *Méthode pour apprendre les règles du Plain-Chant et de la Psalmodie*, par Feillée (4), a eu du succès à cause d'une certaine clarté d'exposition; mais la difficulté radicale, qui consiste dans l'explication de la nature des tons du plain-chant, n'a pas été mieux saisie par Feillée que par les écrivains français de son temps, et son livre est, sous ce rapport, bien inférieur à ceux de Millet, de Jumillac et du curé de Marchangis.

Lorsque les difficultés des muances se combinaient avec celles de la connaissance des tons, l'étude du plain-chant était longue et pénible; la substitution de la solmisation moderne à ce système si compliqué, si peu rationel, abrége de plus de moitié le temps nécessaire pour cette étude, et la connaissance des tons est aujourd'hui la seule difficulté réelle qui doit occuper l'auteur d'un traité du plain-chant. C'est à cet important objet que j'ai donné toute mon attention, dans la rédaction de ce traité élémentaire. Si je ne me trompe, je suis parvenu à y donner des notions claires et satisfaisantes de l'origine et de la nature de la tonalité du plain-chant. J'y ai fait voir que cette tonalité n'a point d'autre principe qu'une gamme unique, dont on forme sept échelles, en la commençant par chacune de ses notes, et que le déplacement des demi-tons de cette gamme compose toute la différence des échelles, qui sont autant de types de modes doubles; j'y ai ensuite démontré par quel mécanisme ces modes ont été réduits aux huit tons universellement reconnus, et comment la trans-

---

(1) Paris, 1772, in-12.
(2) Paris, 1780, in-12.
(3) Rouen, 1789, in-8°.
(4) Paris, 1745, in-12; Poitiers, 1748; Paris, 1784; Poitiers, 1732; Avignon, 1810; Lyon, 1812; Avignon, 1815 ; Paris, 1823; Avignon, 1825.

position de ceux-ci représente en réalité les modes supprimés : vérités dont l'évidence est rendue palpable par des exemples, et qui dissipe tout ce qu'il y avait d'obscur dans la théorie du plain-chant.

Avec une théorie si simple et d'une si facile application dans la prati-que, j'espère que l'étude du plain-chant pourra redevenir florissante, et que des écoles où on l'enseignera sortiront des chantres instruits qui la propageront. Les exemples dont j'ai appuyé les préceptes sont puisés à des sources pures du chant romain, considération qui me paraît d'une haute importance, dans le but d'opérer une restauration du chant de l'office divin; car aux défauts que j'ai signalés dans les Traités de Plain-Chant dont j'ai donné les titres, se joint celui de présenter, dans la plupart, des exemples des chants altérés par des traditions locales, ou complètement étrangers au Graduel et à l'Antiphonaire romains.

C'est à la réforme radicale de ce chant si beau, si solennel, si analogue au culte catholique, que j'ai employé les travaux de plus de trente années : c'est à voir cette réforme unanimement adoptée que tendent mes vœux. On sait qu'ayant consulté un très-grand nombre de manuscrits et d'éditions anciennes du Graduel et de l'Antiphonaire, j'ai préparé de nouvelle leçons de ces livres, qui seront les plus correctes de toutes celles qui ont été données jusqu'à ce jour; ce travail est en ce moment soumis à l'examen de quelques-uns des hommes les plus instruits en cette matière qui se trouvent à Rome, afin de lui donner la sanction d'une autorité respectable. Toutefois, je ne me dissimule pas les obstacles que doit rencontrer une pareille réforme, trop radicale pour ne pas éprouver d'opposition. Les habitudes des chantres, les traditions de localités, ont trop d'empire pour céder tout d'abord à la raison et au goût : si cette réforme peut s'opérer, si le vœu émis par plusieurs conciles, en faveur de l'unité du chant dans toute l'église catholique peut être réalisé, le temps seul pourra produire ce bien. Mes éditions modèles auront, j'espère, l'assentiment de quelques hommes instruits ; elles serviront à dissiper les doutes, et deviendront la source des améliorations successives qui seront introduites dans les livres de localités particulières.

Déjà des propositions m'ont été faites pour donner des soins à une édition du Graduel pour le diocèse de Malines, et mes vues pour l'amélioration partielle de ce livre de chant ont été goûtées par l'autorité ecclé-

siastique. Vraisemblablement un travail analogue sera fait pour l'Antiphonaire. Ce premier pas n'est pas sans importance : puisse-t-il trouver des
imitateurs.

Il ne suffit pas que les chantres aient une connaissance théorique du
plain-chant, et qu'ils possèdent des livres corrects pour atteindre le but
d'une véritable restauration du chant de l'église : sans une bonne exécution, le chant le plus pur dans ses formes n'a pas la majesté convenable
au service divin, et n'émeut pas l'auditoire. Quiconque se livre à l'étude
du plain-chant doit solfier longtemps pour assurer ses intonations et acquérir une bonne émission de la voix. Comme dans tous les arts, la per-
fection dans le chant est le résultat d'exercices souvent répétés : c'est en
cela que consiste l'erreur de certains professeurs empiriques, qui croient
qu'abréger le temps de l'étude est le but de l'enseignement.

Je ne terminerai pas cette préface sans exprimer le vœu que le serpent
et l'ophicléide disparaissent de l'église. Avec ces instrumens barbares, il n'y
a pas de bonne exécution du chant possible ; et la manière dont on en joue
dans le chœur n'est pas destinée à en affaiblir les défauts. Manquant es-
sentiellement de justesse, ils finissent par fausser les intonations des chantres. Ceux-ci ne doivent se guider que sur le ton de l'orgue, dont les sons,
à la fois doux et puissants, développent dans l'âme une certaine émotion
religieuse à laquelle le serpent et l'ophicléide sont antipathiques.

Je n'avais nul dessein de faire imprimer à présent un traité du Plain-
Chant, et n'ai cédé qu'à la demande de M. Danjou, maître de chapelle de
la cathédrale de Paris, et de mon éditeur, en donnant celui-ci. Bien que le
temps me manquât, j'ai accepté cette tâche, dans l'espoir d'être utile :
puissé-je avoir atteint le but que je me suis proposé !

Bruxelles, 25 octobre 1842.

L'AUTEUR.

MÉTHODE ÉLÉMENTAIRE

DE

PLAIN-CHANT.

INTRODUCTION.

1. Le *plain-chant*, ou chant ecclésiastique, tire son nom français de deux mots latins, *planus cantus* , qui signifient *chant solennel,* ou *chant qui plane* dans l'espace du temple.

2. On donne aussi à cette espèce de chant le nom de *grégorien*, lorsqu'il s'agit de la collection de mélodies recueillies et coordonnées par le pape saint Grégoire-le-Grand, dans les dernières années du sixième siècle. Par extension, on appelle aussi *chant grégorien*, non-seulement les pièces de ce chant adoptées par saint Grégoire , mais la constitution de la tonalité du chant ecclésiastique prise en général.

3. Le nom de *chant romain* se donne non-seulement à la collection des mélodies adoptées et réglées par saint Grégoire, mais aux pièces composées postérieurement et qui sont en usage à Rome dans l'office divin. Ce nom sert à distinguer le chant authentique de l'église catholique, apostolique et romaine, du chant monastique, et de certains chants qui diffèrent plus ou moins du chant romain, en raison des localités.

En France, toutes les formes du chant ecclésiastique appartiennent maintenant au chant romain ou au *parisien*, altération du premier devenue progressivement plus sensible, particulièrement depuis le dix-septième siècle.

4. Enfin, quelques personnes appellent improprement *psalmodie* le chant ecclésiastique, pris dans une acception générale : la *psalmodie* n'est que le chant des psaumes.

5. D'après ce qui précède, on voit que le nom de *plain-chant* est le seul qui désigne en général toutes les espèces de chant ecclésiastique des églises de l'occident.

§ I.

De la notation du Plain-Chant.

6. Les sons du plain-chant sont représentés, comme ceux de toute espèce de musique, par des signes appelés *notes;* mais les notes du plain-chant diffèrent par leurs formes de celles de la musique ordinaire.

Dans la notation des anciens livres de chant ecclésiastique, on faisait usage de certains signes qui ont été abandonnés depuis près de deux cents ans; je ne crois pas devoir en indiquer ici les formes et la signification, parce que cette méthode n'est destinée qu'à l'enseignement de ce qui est maintenant d'un usage habituel.

7. Les notes dont on se sert dans les livres de chœur sont de trois sortes, savoir : la longue, dont la queue est quelquefois placée à droite ▬ et quelquefois à gauche ▬ ; la brève, dont la forme est carrée, sans queue ▬; et la semi-brève, faite en lozange ◆.

8. Originairement la longue n'était employée que pour les finales. Dans les livres de chant imprimés en France et dans les Pays–Bas, depuis la seconde moitié du dix-sep-tième siècle jusqu'à la fin du dix-huitième, on ne la trouve plus, et les figures de la brève et de la semi-brève ont été seules conservées pour indiquer la prosodie des lon-gues et des brèves; mais en Italie, la longue est toujours employée devant la semi-brève; par exemple, dans ce trait : ▬◆▬. Dans ce cas, la longue représente

U‑nitas

l'effet d'une note pointée de la musique moderne, comme ♩ · ♩ ♩

9. Les mêmes livres offrent souvent, dans une suite de notes liées sur une seule syllable, la première de ces notes sous la forme d'une longue dont la queue est tournée vers le haut, comme ▬▬ ; dans ce cas, la longue à la même durée

Do‑ mi‑ne

que la brève.

10. Ces figures de notes sont placées dans le plain-chant sur un assemblage de quatre lignes appelé *portée*, et disposé de cette manière :

11. Les lignes et les espaces qui les séparent, représentent différents degrés d'éléva-tion de la voix. Le degré relativement le plus bas ou le plus grave se représente par la figure de note placée immédiatement au-dessous de la ligne inférieure; le plus haut, par la figure posée immédiatement au-dessus de la ligne supérieure. Toutes les autres positions, entre ces deux points extrêmes, indiquent des intonations qui s'élè-vent progressivement depuis le son le plus bas jusqu'au plus élevé.

EXEMPLE :

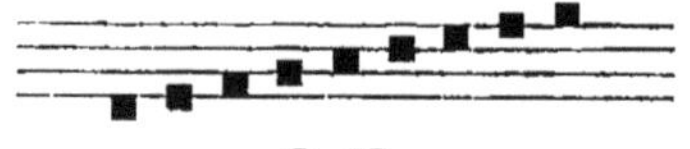

§ II.
De la Gamme.

12. Une suite de sons qui s'élève par degrés, depuis une note donnée jusqu'à la huitième note supérieure, s'appelle *gamme*.

13. Dans une gamme, chaque degré, représenté par une note, est désigné par un nom.

La collection des noms de notes, rangée par degrés immédiats dans l'ordre ascendant, est la suivante :

Ut, ré, mi, fa, sol, la, si, ut.

On donne à cette suite le nom de *gamme montante.*

La collection des noms de notes, rangée par degrés immédiats dans l'ordre descendant, est celle-ci :

Ut, si, la, sol, fa, mi, ré, ut.

Cette suite s'appelle *gamme descendante.*

14. Les distances qui séparent les sons des notes de la gamme se nomment *intervalles.*

15. Les intervalles ne sont pas égaux entre toutes les notes qui se touchent immédiatement dans la gamme, car l'intervalle placé entre la troisième et la quatrième note,
et celui qui se trouve entre la septième et la huitième, ne sont que de la moitié des
intervalles des autres notes qui se touchent immédiatement.

On donne le nom de *ton* au plus grand intervalle de deux notes placées à la distance
d'un degré l'une de l'autre, et celui de *demi-ton* au plus petit intervalle de deux notes
dans la même position.

D'après ce qui vient d'être dit, les *tons* et *demi-tons* sont disposés de la manière suivante :

Demi-   Demi-
Ton, Ton, Ton, Ton, Ton, Ton, Ton.
ut, ré, mi, fa, sol, la, si, ut.

16. Si l'on voulait faire une gamme analogue à celle-là, en la commençant par une
autre note, par exemple, par *fa*, on aurait la suite qu'on voit ici :

Demi-   Demi-
Ton, Ton, Ton, Ton, Ton, Ton, Ton,
fa, sol, la, si, ut, ré, mi, fa,

Ainsi qu'on le voit dans cette disposition, le premier demi-ton n'est pas ici à la même
place, c'est-à-dire, entre la troisième et la quatrième note, comme dans la gamme qui
commence par *ut;* d'où l'on doit conclure que la gamme n'est pas juste.

Pour la rendre semblable à la première, il faut baisser la quatrième note d'un demi-
ton, en plaçant à côté de cette note un signe appelé *bémol*, et qui est fait ainsi ♭. Le
bémol fait toujours connaître que la note près de laquelle il est placé doit être baissée
d'un demi-ton.

Par le moyen qui vient d'être indiqué, la gamme qui commence par *fa* est rétablie
de la manière suivante :

Demi-   Demi-
Ton, Ton, Ton, Ton, Ton, Ton, Ton,
fa, sol, la, si ♭, ut, ré, mi, fa *.

---

* La tonalité de plain-chant étant différente de la tonalité de la musique moderne, on n'y fait pas, à vrai
dire, usage des gammes des divers tons de celle-ci ; cependant la transposition, dont l'usage est fréquent dans
le plain-chant, ne se peut concevoir que par la substitution d'une gamme à une autre.

D'ailleurs, il serait impossible de donner des notions justes de l'usage du bémol et du dièse sans avoir

17. Si l'on voulait commencer la **gamme** par *sol*, en la faisant analogue aux **gammes** précédentes, on trouverait les notes disposées de cette manière :

            Demi-   *Demi-*

Ton,   Ton,   Ton,   Ton,   Ton,   Ton,   Ton,

sol,   la,   si ,   ut,   ré,   mi,   fa,   sol,

Mais, ainsi qu'on le voit, le deuxième demi-ton, au lieu d'être placé entre la **septième** et la huitième note, se trouve entre la sixième et la septième : d'où l'on doit conclure qu'elle n'est pas juste.

Pour la rendre semblable aux autres, il faut élever la septième note d'un demi-ton, en plaçant à côté de la note un signe appelé *dièse*, et qui est fait ainsi ♯. Le dièse fait toujours connaître que la note près de laquelle il est placé doit être élevée d'un demi-ton.

Par le moyen qui vient d'être indiqué, la gamme qui commence par *sol* est rétablie de la manière suivante :

      Demi-   *Demi-*

Ton, Ton, Ton, Ton, Ton,   Ton,   Ton,

sol,   la,   si,   ut, ré,   mi,   fa ♯, sol,

§ III.

Des Clefs.

18. La position des notes *ut* et *fa* est indiquée par des signes placés au commencement de la portée, qu'on appelle *clefs*.

La clef d'*ut* a cette forme ▐, ou celle-ci ▐; la clef de *fa* est faite ainsi ▌▐, ou de cette manière ▄▌.

19. Les clefs se placent sur l'une ou l'autre des quatre lignes qui composent la portée; jamais dans les espaces.

20. La clef d'*ut*, placée sur l'une ou l'autre des quatre lignes, fait connaître que la note *ut* est sur cette ligne. La position des autres notes est connue d'après celle-là.

La clef d'*ut* sur la première ligne ne s'emploie que pour les livres de chant à l'usage des religieuses, ou pour de certaines pièces appelées *faux-bourdons,* chantées par les enfants de chœur avec les chantres.

EXEMPLES DU PLACEMENT DES NOTES AVEC LA CLEF D'*UT* SUR DIFFÉRENTES LIGNES.

*Clef d'*UT
sur la quatrième ligne :

recours à la représentation normale du placement des tons et demi-tons dans les gammes qui en exigent l'emploi.

J'ajouterai que ce n'est que par le moyen que j'emploie qu'on peut faire comprendre la signification de certains morceaux de plain-chant, par exemple, du sixième ton, qu'on a l'habitude de noter dans les graduels et antiphonaires avec un bémol près de la clef.

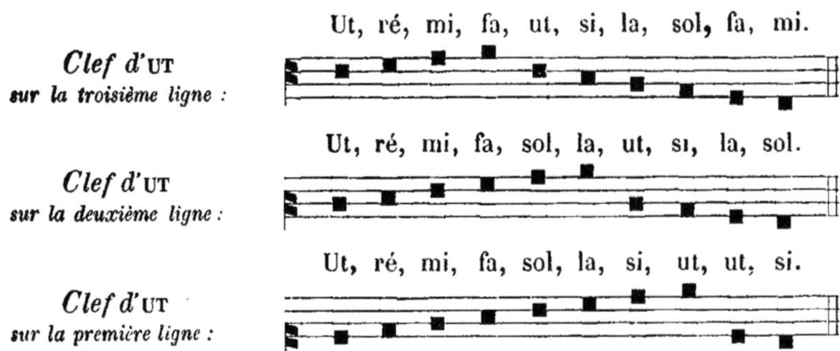

*Clef d'*UT
sur la troisième ligne :

*Clef d'*UT
sur la deuxième ligne :

*Clef d'*UT
sur la première ligne :

21. La clef de *fa,* placée sur la deuxième ou sur la troisième ligne, indique que la note *fa* se trouve sur l'une ou l'autre de ces lignes. La clef de *fa* sur la deuxième ligne donne les mêmes notes sur les mêmes degrés que la clef d'*ut* sur la quatrième. Dans les livres de chant imprimés à Rome et en Italie, c'est cette clef de *fa* sur la deuxième ligne qui est en usage, et l'on n'y trouve jamais la clef d'*ut* sur la quatrième : c'est le contraire dans les livres imprimés en France.

EXEMPLES.

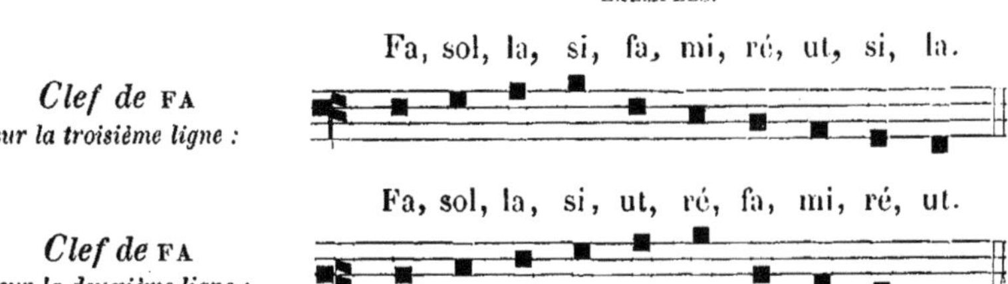

Clef de FA
sur la troisième ligne :

Clef de FA
sur la deuxième ligne :

22. Quelques chants de l'église ont trop d'étendue, depuis la note la plus basse ou la plus grave jusqu'à la plus élevée, pour être écrits avec une seule clef; on trouve dans ce cas un changement de clef, dans les livres de chant, à l'endroit où il est nécessaire. Il est de la plus haute importance que le chantre aperçoive rapidement ce changement de clef, qui exige d'autant plus d'attention, qu'il se fait presque toujours au commencement de la portée. Voici un exemple d'un changement de cette espèce, pris dans l'Offertoire des Vigiles de la Pentecôte.

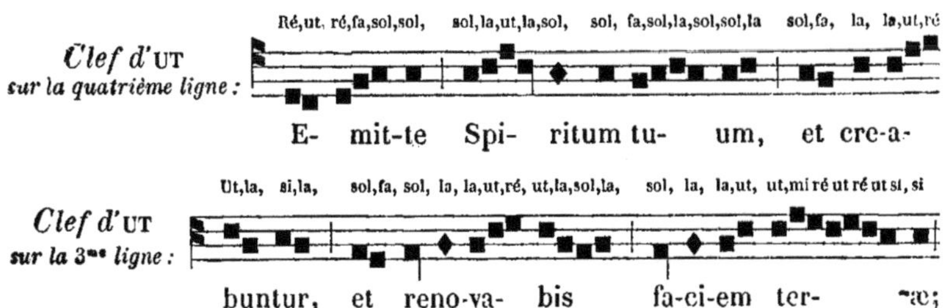

*Clef d'*UT
sur la quatrième ligne :

*Clef d'*UT
sur la 3ᵐᵉ ligne :

23. Pour éviter toute équivoque dans les changements de clefs, au commencement des lignes, on place à la fin de chaque portée ce signe, appelé *guidon* : ⌐ ou ⌐, sur la ligne ou dans l'espace dont l'intonation doit être prise au commencement de la portée suivante. Par exemple, si la clef d'*ut* est à la quatrième ligne, et si la première note de la portée suivante doit être *la*, le guidon se place sur la troisième ligne, qui est celle de *la* à cette clef; mais si on trouve au commencement de la portée la note placée sur la seconde ligne, au lieu de la troisième, c'est un avertissement certain que la clef est changée, et qu'elle est à la troisième ligne; car le *la* de la clef d'*ut* sur cette ligne est en effet placé sur la deuxième.

24. La première étude de quiconque veut acquérir la connaissance du plain-chant doit consister à reconnaître immédiatement la position et le nom des notes à toutes les clefs. On peut se livrer à cette étude sur les exercices suivants, en nommant les notes sans chanter les intonations. Les tables précédentes serviront à lever les doutes.

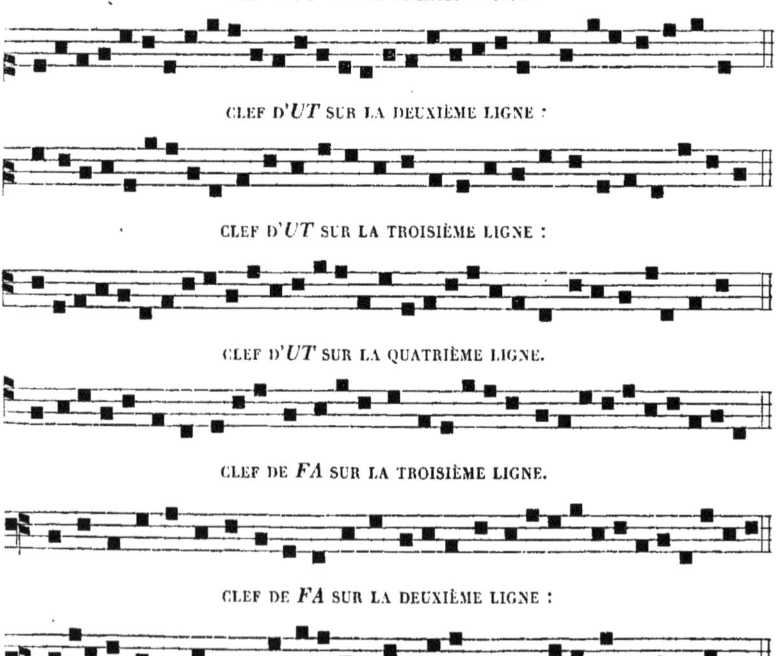

§ IV.

Des intervalles des sons représentés par des notes.

25. Les sons et les notes qui les représentent forment, par la différence de leurs intonations, des intervalles qu'on distingue par le nombre de degrés qui se trouvent entre eux, et qu'on désigne par des noms numériques.

Ainsi, deux notes placées à un degré de distance forment un intervalle de *seconde*, comme dans cet exemple :

Deux notes placées à deux degrés de distance forment un intervalle de *tierce*.

Deux notes à trois degrés de distance composent un intervalle de *quarte*, comme :

Deux notes à quatre degrés de distance forment un intervalle de *quinte*, comme :

Deux notes à cinq degrés de distance forment un intervalle de *sixte*, comme dans cet exemple :

Deux notes à six degrés de distance composent un intervalle de *septième*, comme :

Deux notes à sept degrés de distance composent un intervalle d'*octave*, comme dans cet exemple :

§ V.

De l'intonation des notes et de la solmisation.

26. *L'Intonation des notes* est le son juste qui appartient à chacune, en raison d'un *son modèle* fourni par l'orgue de l'église, ou par le serpent du chœur.

27. Pour trouver les intonations justes des notes d'après un son modèle, ou d'après le ton de l'orgue, et pour établir les rapports des notes entre elles, et de leurs intervalles, les leçons d'un maître et le long exercice de la voix sont nécessaires.

L'étude des intonations doit se faire sans le secours de l'accompagnement des instruments, car dans les églises mêmes où il est d'usage d'accompagner les voix par l'orgue dans certaines pièces de plain-chant, il en est beaucoup d'autres où les chantres ne sont pas accompagnés.

28. L'exercice de la voix doit se faire méthodiquement , en chantant le **nom des** notes avec leur intonation, sur des morceaux de chant où les difficultés **sont disposées** dans un certain ordre progressif ; puis , sur toutes pièces de plain-chant écrites avec les clefs, à leurs diverses positions.

Les exercices, pour former la voix aux intonations des notes et de leurs intervalles s'appellent *solféges* : les chanter en nommant les notes, c'est *solfier.*

29. La *Solmisation,* ou l'art de solfier, se compose de la connaissance des notes, des clefs, des signes accessoires et de l'intonation juste des notes.

L'étude de la solmisation doit être persévérante jusqu'à ce qu'on possède bien toutes ces connaissances. On ne doit pas s'y livrer sans guide, afin de ne pas contracter d'habitudes vicieuses

Les solféges suivants suffisent pour cette étude.

SOLFÉGES.

Exercice sur les secondes.

*Clef d'*UT *sur la quatrième ligne.*

Exercices sur les tierces.

Exercices sur les quartes.

---

* L'intervalle de quarte majeure, ou triton, étant absolument étranger à la tonalité du plain-chant, ne doit pas entrer dans la solmisation de ce chant : c'est cette considération qui me fait faire la quarte **juste,** par le moyen du bémol.

Exercices sur les quintes.

Exercices sur les sixtes *.

Solféges pour le mélange des intervalles, à toutes les clefs.

1. *Clef d'UT sur la quatrième ligne.*

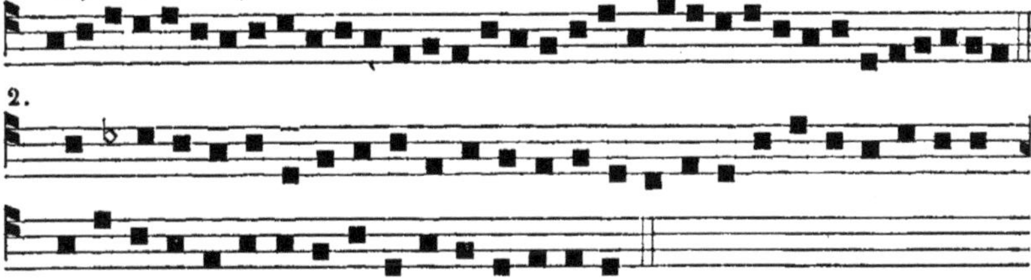

2.

3. *Clef d'UT sur la troisième ligne.*

4.

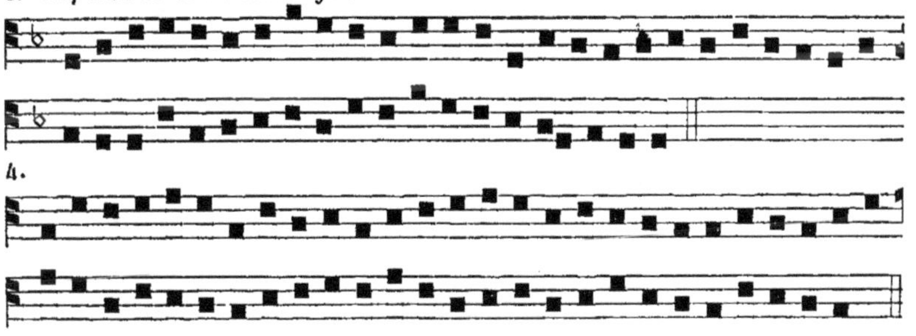

---

* Le plain-chant romain n'admet pas d'intervalle plus grand que la quinte ; les solféges destinés aux chantres ne devraient donc pas aller au-delà ; mais dans le plain-chant parisien, il y a quelques exemples de l'intervalle de sixte : par ce motif je donne des exercices pour cet intervalle.

5.

6. *Clef d'UT sur la deuxième ligne.*

7.

8.

9. *Clef de FA sur la troisième ligne.*

10.

11.

12. *Clef de FA sur la deuxième ligne.*

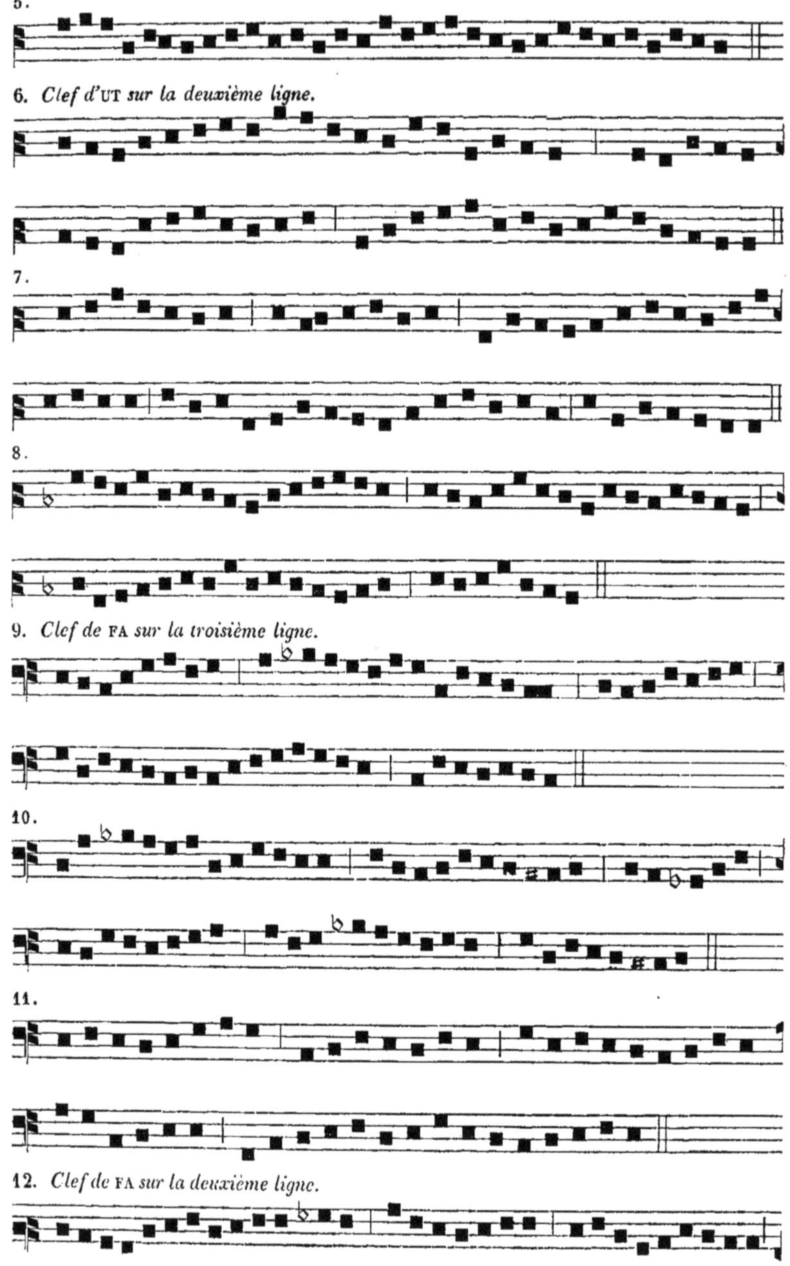

13.

Leçons pour les changements de Clefs.

14. *Clef d'UT sur la quatrième ligne.*   *Clef d'UT sur la troisième ligne.*

15.

16.

§ V.

Des espèces diverses d'échelles diatoniques.

29. On a vu précédemment (n° 15, 16) que les notes de la gamme *ut, ré, mi, fa, sol, la, si, ut,* peuvent être disposées de telles manières que les demi-tons qui sont entre les notes *mi, fa,* et *si, ut,* changent de place, et que pour faire des gammes analogues à cette suite, et mettre toujours les demi-tons à la même place, c'est-à-dire, entre la troisième et la quatrième note, et entre la septième et la huitième, il faut abaisser ou élever l'une ou l'autre des notes, par le moyen des deux signes appelés *bémol* et *dièse.*

30. Dans le plain-chant, cette diversité de gammes n'existe pas, et l'usage du bémol et du dièse n'est qu'accidentel.

Il n'y a donc en réalité qu'une seule gamme dans ce chant : c'est celle qu'on vien. de voir.

31. Mais suivant que le chant est renfermé dans les limites de l'octave d'*ut* à *ut,* ou de *ré* à *ré,* ou de *mi* à *mi,* de *fa* à *fa,* de *sol* à *sol,* etc., la disposition des notes se présente sous un aspect différent, et les demi-tons changent de place.

Ces dispositions prennent le nom d'*échelles diatoniques.* Il y a autant d'échelles qu'il y a de noms de notes.

Voici le tableau de ces échelles, avec l'indication des changements de place des demi-tons :

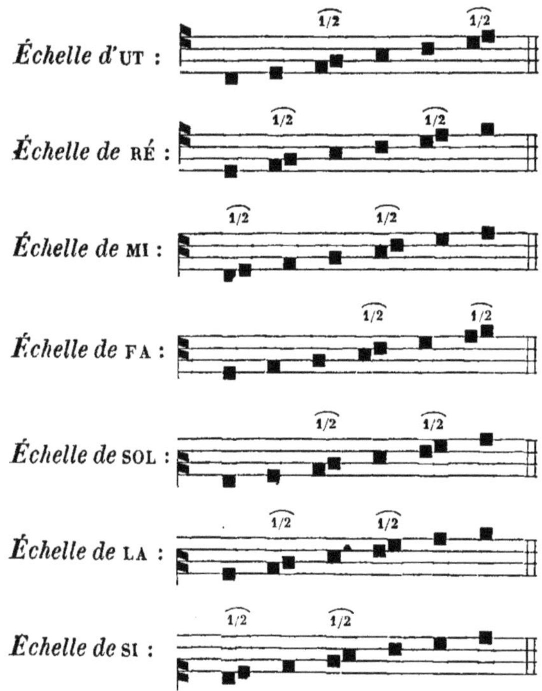

32. On voit par ce tableau que les sept échelles diatoniques, résultantes de la différence du point de départ, présentent autant de dispositions différentes dans le placement des deux demi-tons. Il suit de là que les limites de l'une ou de l'autre échelle, dans lesquelles le chant est placé, donnent à ce chant un caractère particulier, qui est le produit de la diversité du placement des demi-tons.

33. C'est dans cette diversité que se trouve l'origine des tons ou modes du plain-chant, dont il va être parlé *.

---

* Je me suis toujours étonné que les savants hommes à qui l'on doit quelques bons traités du plain-chant, dans le nombre immense de ceux qui ont été publiés, et qui ont eu tant de peine à présenter d'une

§ VI.

Des tons du plain-chant.

32. Les tons du plain-chant sont des formules de chant basées sur les échelles qu'on vient de voir, au moyen de certaine note qui sert de repos, de point d'appui au chant, et d'une autre note qui, s'alliant de la manière la plus naturelle et la plus fréquente aux formes mélodiques qui conduisent à la note de repos, caractérise avec celle-ci la tonalité de l'échelle.

La note de repos des tons du plain-chant s'appelle *finale* : celle qui s'allie le plus fréquemment aux formes diverses de la mélodie est la *dominante*.

33. Un ton quelconque du plain-chant est donc caractérisé par les limites de l'échelle, c'est-à-dire par l'octave, par la *finale*, et par la *dominante*.

34. D'après ce qui vient d'être dit, il semble qu'il ne devrait y avoir que sept tons, puisqu'il n'y a que sept échelles ; mais remarquant que les formes les plus fréquentes des mélodies sont renfermées ou dans l'espace d'une quinte, ou dans celui d'une quarte, les anciens réformateurs du plain-chant divisèrent chaque échelle ou octave en une quinte et une quarte, plaçant la quarte au-dessus ou au-dessous de la quinte, d'après la tendance du chant vers les sons élevés, ou vers les sons graves.

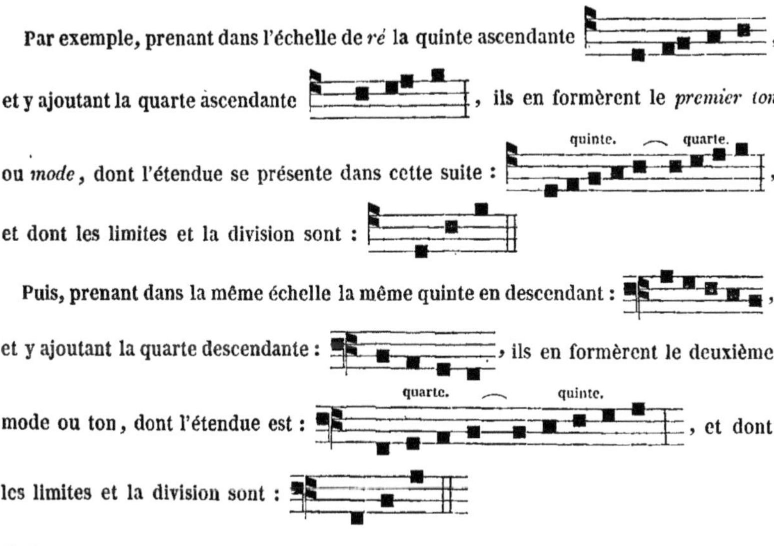

Par exemple, prenant dans l'échelle de *ré* la quinte ascendante ,

et y ajoutant la quarte ascendante , ils en formèrent le *premier ton*

ou *mode*, dont l'étendue se présente dans cette suite : ,

et dont les limites et la division sont :

Puis, prenant dans la même échelle la même quinte en descendant : ,

et y ajoutant la quarte descendante : , ils en formèrent le deuxième

mode ou ton, dont l'étendue est : , et dont

les limites et la division sont :

---

manière plus ou moins obscure la théorie de la tonalité de ce chant, n'ont point pensé à l'origine réelle de cette tonalité, qui n'est que celle qu'on vient de voir ; car ceux qui ont cru résoudre la difficulté par l'analogie des tons du plain-chant avec les modes de l'antique musique des Grecs, n'ont fait qu'en changer, puisqu'il serait nécessaire que la théorie de la formation de ceux-ci fût connue de ceux qui se livrent à l'étude du plain-chant

Dans ces deux modes, dont le premier fut appelé *authentique*, et le second *plagal*, le placement des demi-tons est identique, en sorte qu'ils représentent la même échelle : leur différence ne provient que du placement de la quarte au grave ou à l'aigu, la quinte restant entre les mêmes notes.

35. Les réformateurs du plain-chant, antérieurement au sixième siècle, ayant fait la même opération sur les sept échelles, en tirèrent quatorze tons ou modes qui furent en usage dans les anciens temps, et dont certaines églises ont même retenu l'usage jusqu'au quinzième siècle *.

36. Dans les dernières années du sixième siècle, saint Grégoire-le-Grand ayant entrepris une nouvelle réforme du chant ecclésiastique et mis en ordre les diverses parties de l'office divin, réduisit, suivant l'opinion commune, le nombre des tons à huit. L'instruction faite par lui pour l'usage de l'école de chant qu'il avait instituée, n'ayant pas été retrouvée jusqu'à ce jour, le fait ne peut être affirmé ; mais il est certain que dès le huitième siècle, l'usage des huit tons du plain-chant était établi, car dans un fragment du traité de musique d'Alcuin, aumônier de Charlemagne, on lit ce passage : *Octo tonos in musica consistere musicus scire debet ;* et plus loin : *Nam quatuor eorum (tonorum) authentici vocantur..... Plagii autem conjuncte dicuntur omnes quatuor.*

37. L'auteur, quel qu'il soit, de la contraction des quatorze modes ou tons en huit, prit aussi pour premier des authentiques celui de l'échelle de *ré ;* pour celui du second des mêmes authentiques l'échelle de *mi ;* celle de *fa* pour le troisième ton de la même espèce ; enfin, l'échelle de *sol* pour la quatrième.

38. Dans ces quatre tons authentiques, la tonique, ou première note du ton, est aussi la finale ou note de repos.

La dominante, ou note principale, qui se présente fréquemment dans les diverses formes du chant, est la cinquième note dans le premier ton authentique, dans le troisième et dans le quatrième ; dans le deuxième ton authentique, c'est la sixième note qui est la dominante.

Dans les exemples suivants des gammes de ces quatre tons authentiques, la longue

⊏ désigne la finale ; la semi-brève ⊏♦⊐ indique la dominante.

EXEMPLES DES GAMMES DES QUATRE TONS AUTHENTIQUES.

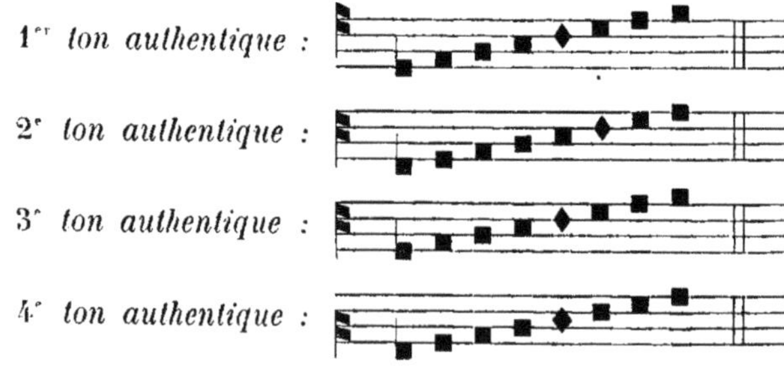

* Je ne crois pas devoir parler dans cette méthode élémentaire et toute pratique des systèmes qui ont fait réduire les modes tantôt à douze, tantôt à onze. L'examen de ces systèmes conduirait à de trop longues discussions pour un ouvrage de cette espèce.

39. L'analogie de ces quatre tons avec quelques-uns des modes de l'ancienne musique grecque est sensible, car le premier répond exactement au mode *dorien* ancien; le second, au mode *phrygien;* le troisième au *lydien,* et le dernier au *mixolydien.*

Mais le mode *dorien* ayant subi une modification aux temps moyens de la Grèce, en ce que la sixième note avait été baissée d'un demi-ton, les premiers auteurs de la constitution du plain-chant * crurent devoir imiter en cela l'antiquité, mais seulement lorsque la sixième note descend ; en sorte que cet usage a prévalu, et que la gamme descendante du premier ton est celle-ci :

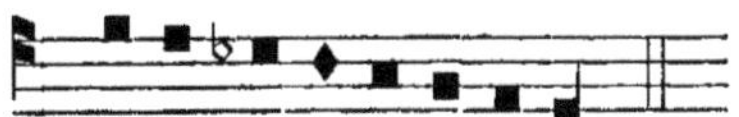

40. De même que dans la tonalité des quatorze modes, les quatre *tons plagaux* du plain-chant se formèrent en transportant au-dessous de la finale la quarte qui se trouve aux notes supérieures dans les tons authentiques.

41. Dans cette disposition des notes de chaque échelle, la quatrième note de chaque ton plagal est toujours la finale.

A l'égard de la dominante, on la trouve à la sixième note dans les plagaux des premier et troisième tons authentiques, et à la septième dans les plagaux des deuxième et quatrième. Dans les exemples suivants, comme dans les précédents, la longue indique la finale, et la semi-brève, la dominante.

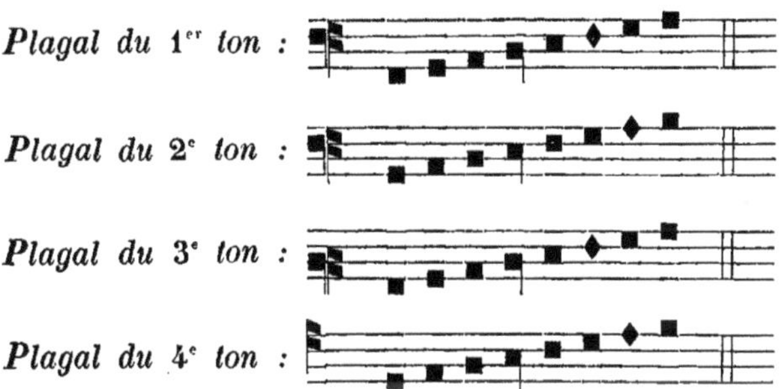

42. Il est remarquable que cette gamme du plagal du quatrième ton authentique est composée des mêmes notes que la gamme du premier ton ; mais son caractère est absolument différent, en ce que la finale y est à la quatrième note, au lieu d'être à la première, et que la dominante n'est point à la cinquième note, mais à la septième.

43. Dans la classification des tons du plain-chant, les tons authentiques sont les premier, troisième, cinquième et septième, et les plagaux sont les deuxième, quatrième, sixième et huitième. Dans cet ordre de succession, la tonique de tous les tons se trouve en partant de *ré,* puis descendant alternativement de quarte et montant de quinte.

---

* Ce fut saint Ambroise qui, le premier, donna l'exemple en occident de cette imitation de tonalité antique dans le premier des quatre tons qui composaient son système de chant.

La table suivante présente tous les tons dans leur ordre de succession, avec leurs limites, leur finale marquée par une longue, et leur dominante par une semi-brève.

44. Le deuxième ton répond au mode *hypodorien* de la musique des Grecs ; le quatrième au mode *hypophrygien*, le sixième au mode *hypolydien*, enfin le huitième au mode *hypomixolydien*.

45. Les tons des pièces de plain-chant se distinguent en *réguliers*, *irréguliers*, ou *parfaits* et *imparfaits*, *surabondants* et *mixtes*.

Le ton d'une pièce de plain-chant est *régulier* ou *parfait* lorsque la mélodie atteint les limites naturelles de ce ton, c'est-à-dire les bornes de son octave. Il est imparfait quand le chant ne s'étend pas jusqu'à ces limites.

Le ton d'une pièce de plain-chant est *surabondant* quand ce chant va au-delà des bornes de l'octave ou de la neuvième, au grave ou à l'aigu.

Le ton d'une pièce de plain-chant est *mixte* lorsque ce chant s'étend en partie sur le ton authentique et en partie sur le plagal de ce ton.

Les exemples suivants offrent des modèles de toutes ces variétés. On peut les considérer comme des exercices de solfége pour former l'oreille à la connaissance des tons, et les chanter d'abord en nommant les notes, puis en articulant les paroles.

Plain-Chants de tons réguliers ou parfaits.

Antienne du MAGNIFICAT (1er ton) *du* 6me *dimanche après l'Épiphanie.*

Antienne du MAGNIFICAT (2me ton) *du 18 décembre.*

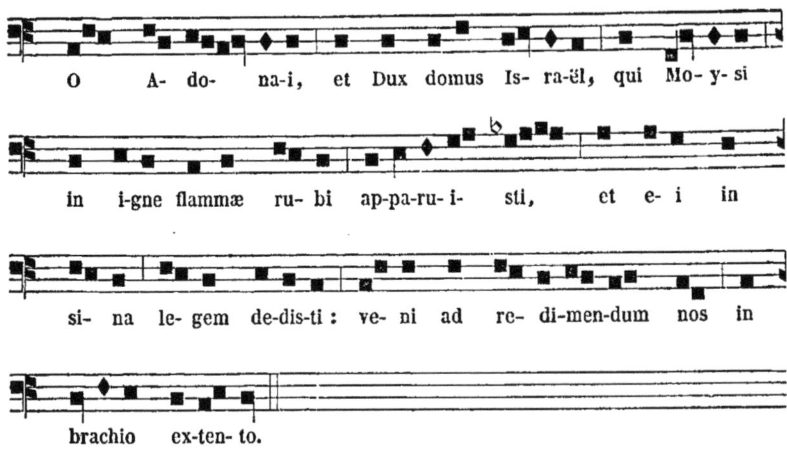

Ant. du MAGNIFICAT (3me ton) *du samedi de la* 3me *semaine du Carême.*

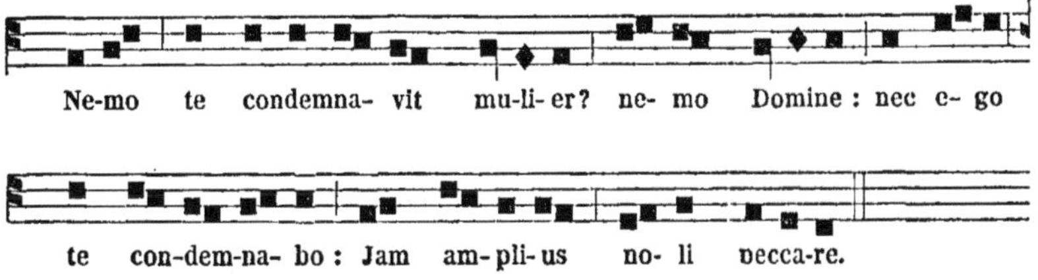

Antienne des Matines de Noël (4me ton).

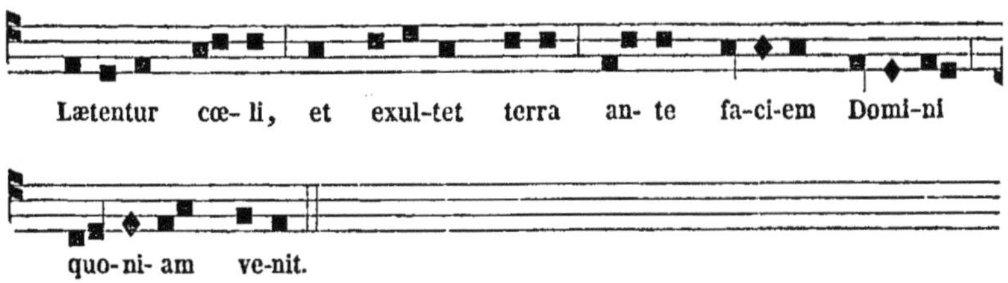

46. Il est remarquable qu'on ne trouve pas un seul exemple d'antienne ou de répons qui descende à la quarte au-dessous de la finale, dans les pièces du quatrième ton ; là

note la plus basse est toujours la tierce au-dessous de la finale dans les pièces de ce ton ; néanmoins, quand elles descendent à cette tierce, le ton est considéré comme régulier.

Antienne des Vêpres de la Trinité (5ᵐᵉ ton).

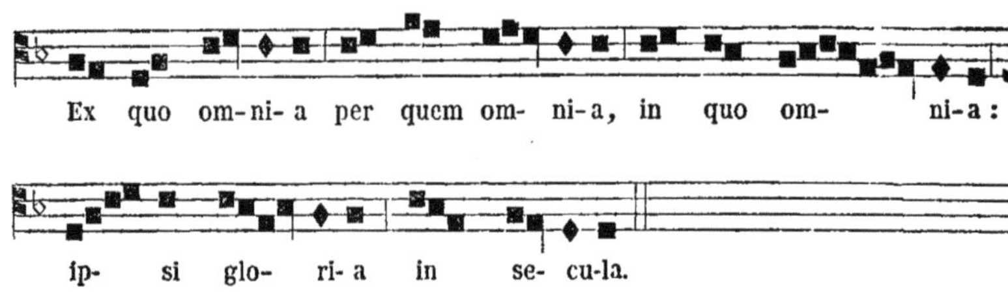

47. On remarque ici, comme dans toutes les espèces de chants du cinquième ton, le bémol à la quatrième note du ton, quoique ce signe n'appartienne pas originairement à l'échelle de *fa*. Cette altération, par laquelle on a baissé d'un demi-ton la quatrième note, a pour objet d'éviter la fausse relation de cette note avec la finale. Elle est d'ailleurs fort ancienne ; on en faisait déjà usage au dixième siècle.

Antienne des Vêpres de la Fête-Dieu (6ᵐᵉ ton).

Antienne des Vêpres de la fête de la Conception de la Vierge (7me ton).

48. Il est nécessaire de faire ici quelques observations importantes sur ce qui constitue le caractère du septième ton.

La première est que l'Antiphonaire et le Graduel renferment un très-grand nombre de chants de ce ton, dont l'étendue est limitée entre la finale et la sixième note du ton, et dont les formes du commencement ont de l'analogie avec celui qui vient d'être donné pour exemple. Tels sont ceux dont voici les phrases initiales :

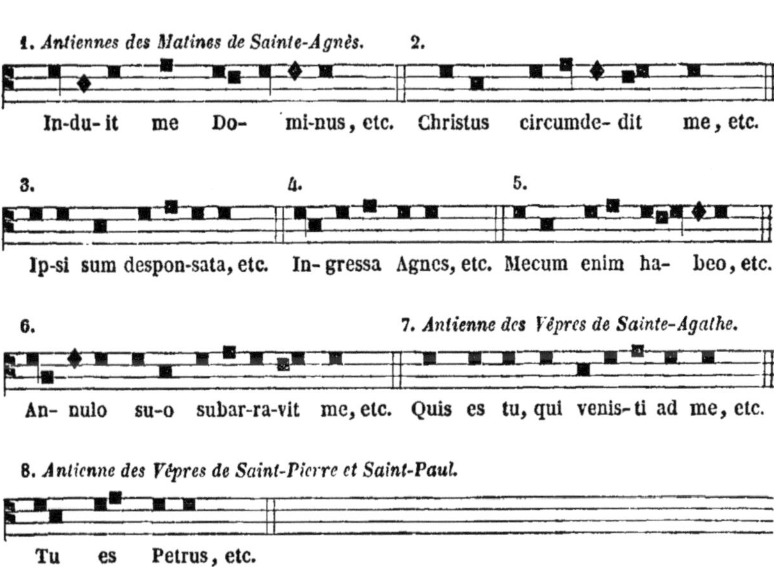

Et beaucoup d'autres.

49. Bien que ces chants n'atteignent pas aux limites du ton, ils n'en sont pas moins considérés comme réguliers, parce que leurs formes ne laissent point de doute sur le ton, grâce à l'heureux placement de la finale. Les exemples de chants du septième ton où la mélodie atteint les limites inférieure et supérieure sont fort rares. Dans tout le chant romain, je n'en connais que sept ; en voici un :

Antienne des Vêpres du 1er dimanche de l'Avent (7e ton).

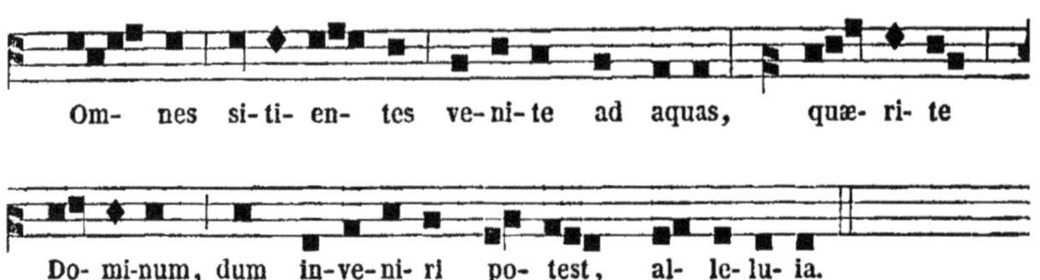

Antienne du MAGNIFICAT *de l'Épiphanie (8e ton).*

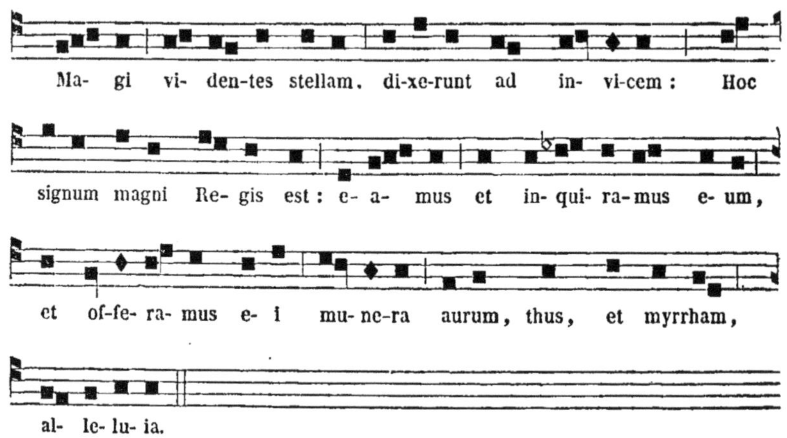

Plain-Chants de tons irréguliers ou imparfaits.

Antienne des Vêpres du 4e dimanche de l'Avent (1er ton).

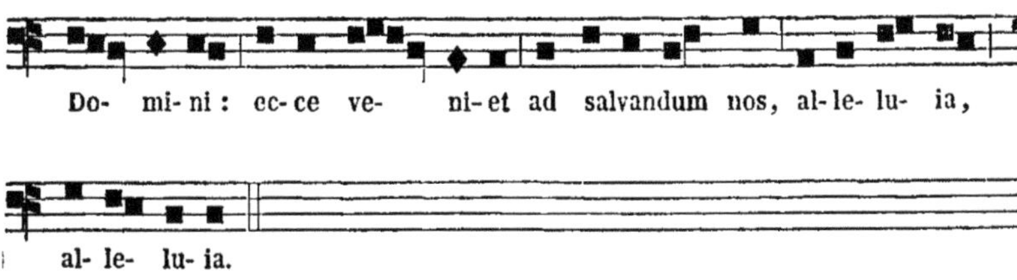

50. Ce chant n'est pas seulement irrégulier en ce qu'il n'atteint pas la limite supérieure de l'échelle du premier ton ; il l'est encore en ce que la dominante n'apparaît pas dans la plus grande partie de la mélodie ; enfin, il peut être considéré comme mixte, en ce qu'il emprunte sur la quarte grave du second ton.

Antienne du 5ᵉ psaume des mêmes Vêpres (2ᵉ ton).

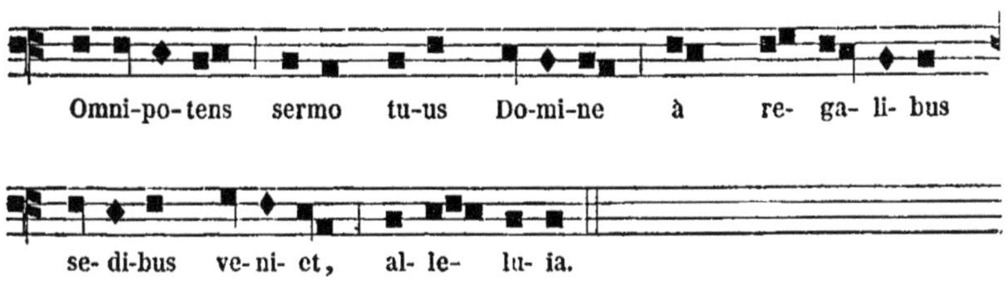

51. Ce chant est irrégulier en ce qu'il n'atteint les limites du ton ni au grave, ni à l'aigu ; mais il est bien caractérisé par la fréquence de sa dominante, et par sa finale.

Antienne de l'Octave de Saint-Étienne (3ᵉ ton).

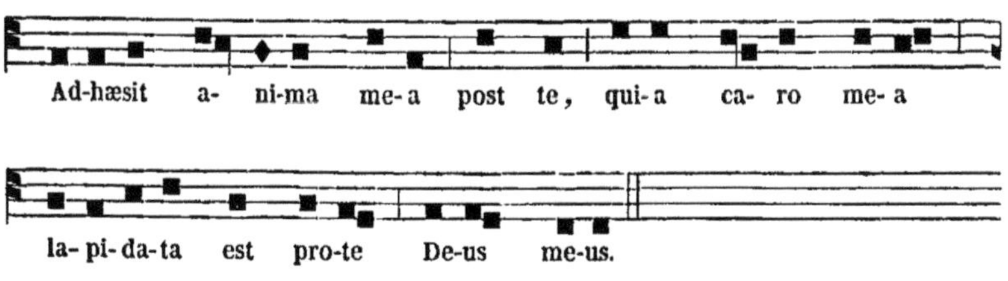

52. Cette antienne n'est irrégulière que parce qu'elle n'atteint pas la limite supérieure du ton ; mais ce ton y est parfaitement caractérisé par la dominante et par la finale.

Antienne des Matines du Vendredi saint (4ᵉ ton).

53. Voici un des exemples les plus remarquables de l'irrégularité d'un chant, car on n'y aperçoit ni la note qui forme la quinte constitutive du ton, ni les limites au grave et à l'aigu, et de plus, la dominante n'y apparaît que vers la fin. Toutefois, la note la plus grave et la finale prouvent que le chant est du quatrième ton.

Antienne des Vêpres ordinaires de la sixième férie (5ᵉ ton).

54. Ce chant est d'autant plus irrégulier, que la dominante n'y paraît qu'une seule fois; cependant, il n'y a point de doute sur le caractère du ton. On remarque que contrairement aux habitudes du cinquième ton, il n'a point de bémol à la quatrième note, et que le ton y est exactement conforme à l'échelle de *fa*.

Antienne des Vêpres de la Toussaint (6ᵉ ton).

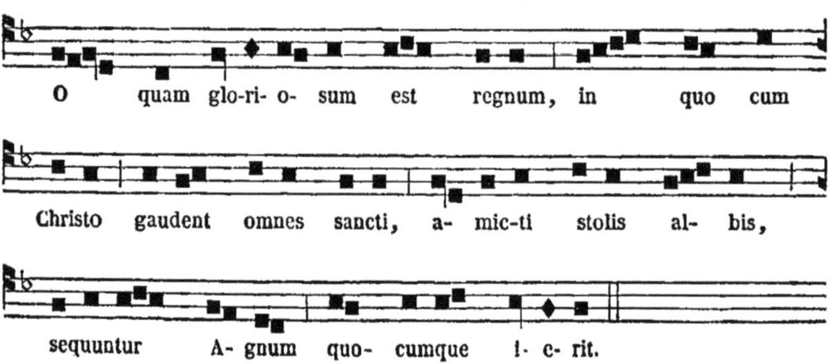

55. L'imperfection de ce chant consiste à ne point atteindre la limite supérieure, et conséquemment à ne pas faire entendre la quinte tonale.

Antienne des Vêpres de Saint-Clément, pape et martyr (7° ton).

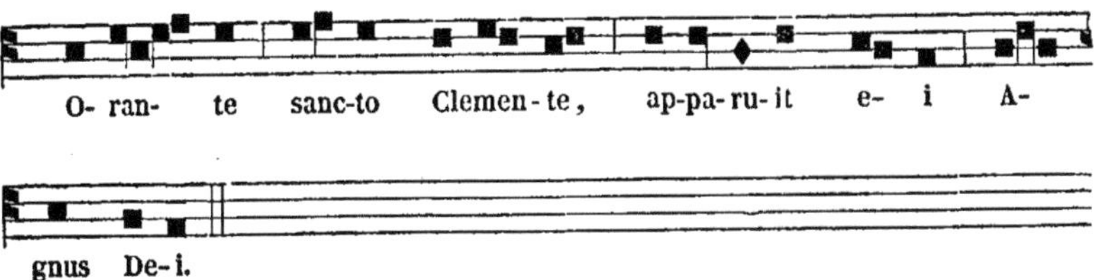

Les observations faites précédemment sur les irregularités des chants du septième ton sont applicables à celui-ci.

Antienne du dimanche de la Passion (8° ton).

56. Ce chant est irrégulier en ce qu'il n'a qu'une seule note à un degré au-dessous de la finale.

57. Les tons appelés *surabondants*, c'est-à-dire, les mélodies qui sortent des limites du ton dans lequel elles sont composées, se trouvent particulièrement dans les hymnes.

Je n'en donnerai qu'un seul exemple, pris dans l'hymne (du premier ton) du vendredi saint en usage dans quelques églises.

Plain-Chants de tons mixtes.

Séquence du jour de Pâques (mixte des 1er et 2e tons).

Dans ce chant, le premier et le deuxième tons sont réunis entiers, car on y trouve ensemble la quarte au-dessus et la quarte au-dessous de la quinte tonale.

58. Il faut bien se garder de confondre avec les chants de tons mixtes ceux qui réunissent les deux quartes supérieure et inférieure d'un ton authentique et de son plagal, quand la finale ne correspond pas à cette étendue, et appartient à un autre ton; car le ton est dans ce cas celui de la finale, mais surabondant. Tel est le répons suivant de la troisième férie de la semaine de Pâques, dont l'étendue semble indiquer le ton mixte des septième et huitième, mais dont la note grave, la dominante, et la finale, appartiennent au quatrième ton surabondant. Voici ce chant :

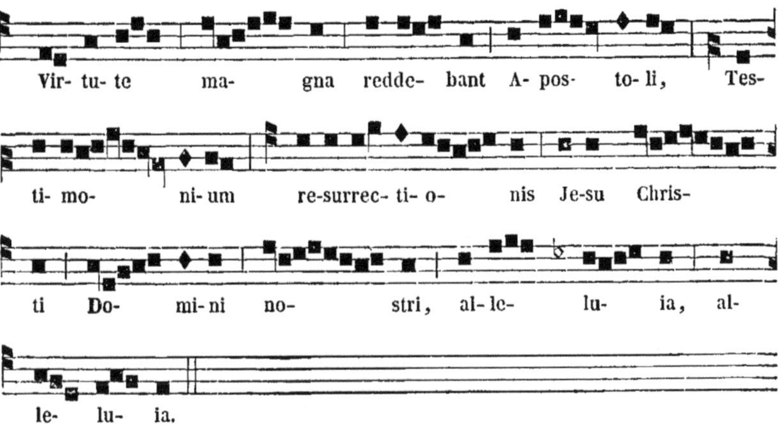

Ainsi qu'on le voit, les limites de ce chant sont :   , c'est-à-dire celles du ton mixte du septième et du huitième; mais la finale est :   . Cette finale, jointe à la note grave   et à la dominante   , ne laisse aucun doute que le ton soit le quatrième surabondant.

§ VII.

De la manière de reconnaître le ton d'un plain-chant.

59. Après tout ce qui a été dit précédemment sur les tons du plain-chant, cet article semblera peut-être surabondant; car, si l'on a bien compris tout ce que j'ai dit sur

ce sujet, on doit être en état de reconnaître le ton de toute pièce de plain-chant. Cependant je crois bon de résumer les observations qui peuvent servir de guide pour abréger les recherches à ce sujet.

60. La première chose à faire, dans l'examen d'un plain-chant, pour en déterminer le ton, est de chercher la finale, qui se trouve toujours à la dernière note, car la première note n'indique rien.

61. Or, *ré* est la finale du premier et du deuxième ton; *mi*, la finale du troisième et du quatrième; *fa,* la finale du cinquième et du sixième; *sol,* la finale du septième et du huitième.

62. Il résulte de ce qui précède que la finale étant trouvée, il ne reste d'incertitude qu'entre les tons authentique et plagal de cette finale. Cette incertitude se dissipe par la dominante.

63. Or, *la* est la dominante du premier ton; *fa*, la dominante du deuxième; *ut,* la dominante du troisième; *la,* la dominante du quatrième; *ut,* la dominante du cinquième; *la,* la dominante du sixième; *ré,* la dominante du septième; *ut,* la dominante du huitième.

64. On trouve, par cette énumération, que *la* est la dominante du premier ton, du quatrième, et du sixième; que *ut* est la dominante du troisième ton, du cinquième et du huitième; que *fa* est la dominante du second, et *ré*, la dominante du septième.

La dominante seule ne peut donc faire connaître le ton d'une pièce de plain-chant; mais lorsqu'elle est trouvée, au moyen de sa fréquence dans le chant, et lorsqu'on la réunit à la finale, tous les doutes sont levés.

65. Il suffit donc, pour reconnaître le ton d'un chant, quelque soit sa forme, de mettre dans sa mémoire le tableau suivant, où le chiffre désigne le ton; la première colonne de noms de notes, la finale, et la seconde colonne, la dominante.

TABLEAU DES FINALES ET DOMINANTES DES TONS.

1	Ré.	La.
2	Ré.	Fa.
3	Mi.	Ut.
4	Mi.	La.
5	Fa.	Ut.
6	Fa.	La.
7	Sol.	Ré.
8	Sol.	Ut.

66. Par la connaissance de la finale et de la dominante, on peut non seulement connaître le ton d'un morceau de plain-chant, mais distinguer sa qualité, régulière ou irrégulière, surabondante ou mixte.

67. Une difficulte peut cependant se présenter dans l'examen des livres de chant à l'usage particulier de certaines églises ou de certains ordres monastiques, dans lesquels le chant de quelques parties de l'office divin est transposé ou plus haut, ou plus bas. On trouvera l'explication de ce mode de transposition dans l'article suivant.

§ VIII.

De la transposition des tons du plain-chant

68. Les limites de certains tons sont trop élevées pour les voix graves ; d'autres trop basses pour les voix aiguës.

On obvie à cet inconvénient en transportant le chant dans une échelle plus commode et moyenne.

69. Le premier ton, qui appartient à l'échelle de *ré,* se transpose quelquefois dans l'échelle de *la.*

On ne peut nier que cette transposition n'est pas exacte ; car, dans l'échelle de *ré*, il y a un ton entre la cinquième note et la sixième, tandis qu'il n'y a qu'un demi-ton entre ces deux notes dans l'échelle de *la.*

Il est vrai que l'usage a introduit un bémol au sixième degré du premier ton, mais seulement lorsque cette note descend. Dans ce cas, il y a similitude entre le ton primitif et le ton transposé. Cette similitude n'existe pas lorsque le sixième degré monte · c'est ce qui oblige à mettre dans ce cas un dièse à la sixième note du ton transposé quand elle monte.

70. Les considérations précédentes ont conduit quelques auteurs de l'époque actuelle à considérer l'échelle de *la,* avec la quarte au dessus, comme un neuvième ton ou mode , et la même échelle, avec la quarte en dessous, comme un dixième mode, conformément à l'ancienne division des tons ou modes. Mais l'usage établi depuis le moyen âge , par la plupart des auteurs de traités du plain-chant , par les livres de chant et par la pratique, a réduit le nombre des tons à huit : et cet usage a toujours prévalu contre les réformes qui ont été essayées à ce sujet.

71. Dans le premier ton transposé dans l'échelle de *la, la* est la finale ; *mi,* la dominante. Or, ces mêmes notes ne se trouvant avec les mêmes fonctions dans aucun des huit tons du plain-chant , il ne peut y avoir de doute pour celui qui examine un chant du premier ton transposé dans l'échelle de *la* : il doit reconnaître la transposition.

Voici un exemple de cette transposition :

PREMIER TON TRANSPOSÉ.

Communion de la Messe du dimanche de l'Octave de l'Épiphanie.

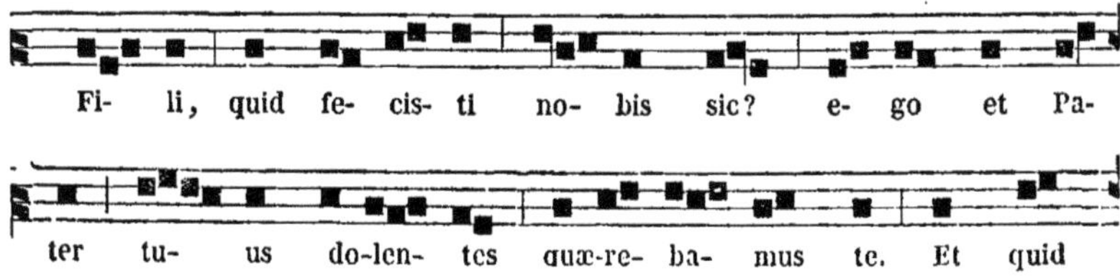

72. Cet exemple prouve que la transposition n'est qu'un changement de clef; car si l'on suppose la clef d'*ut* à la quatrième ligne, au lieu de la même clef à la deuxième ligne, on rétablira ce morceau du premier ton dans l'échelle de *ré*.

73. Le deuxième ton se transpose dans l'échelle de *sol*, avec la quarte en dessous; mais pour établir le demi-ton qui se trouve entre la cinquième et sixième note de ce ton, on met un bémol au *si*.

Dans cette transposition, *sol* est la finale; *si* bémol la dominante. Or, ces notes ne remplissant ces fonctions dans aucun des huit tons, on ne peut les confondre avec la transposition du second ton, et celui-ci est facile à reconnaître.

EXEMPLE DU SECOND TON TRANSPOSÉ.

Introït du dimanche de l'Épiphanie.

74. Le troisième et le quatrième tons ne se transposent pas.

75. On transpose le cinquième ton une quarte plus bas dans l'échelle d'*ut*; *ut* est la finale; *sol*, la dominante. Ces notes ne remplissant ces fonctions dans aucun des huit tons, le cinquième ton transposé ne peut être confondu avec les autres.

Ce ton est désigné comme le onzième mode par Glaréan, et le sixième transposé, comme le douzième.

EXEMPLE DU CINQUIÈME TON TRANSPOSÉ.

Agnus Dei *de la Messe des fêtes de la Vierge.*

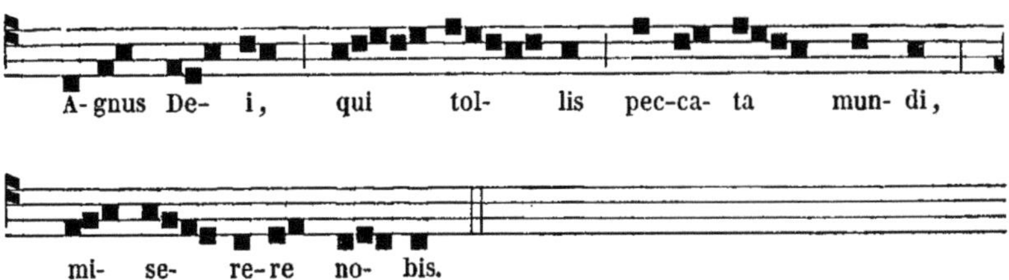

76. Le sixième ton se transpose aussi dans l'échelle d'*ut*, avec la quarte en-dessous. *Ut* est la finale ; *mi*, la dominante ; circonstance qui ne se présente dans aucun des huit tons non transposés.

EXEMPLE DU SIXIÈME TON TRANSPOSÉ.

Antienne de la Transfiguration de N. S. J.-C. (à vêpres).

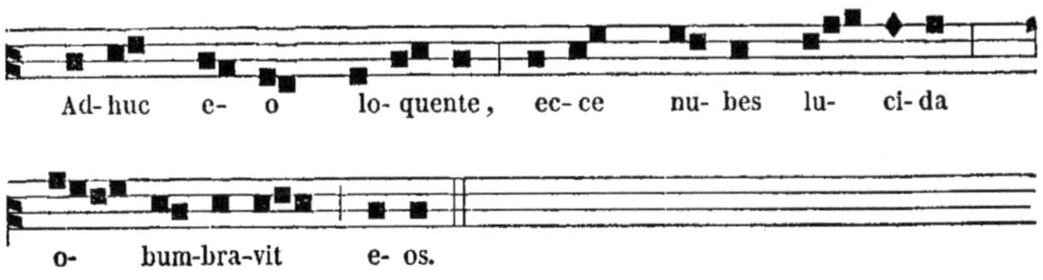

77. Les septième et huitième tons ne se transposent pas.

§ IX.

De l'application des tons du plain-chant aux tons de l'orgue.

(Pour l'usage des organistes.)

78. L'orgue était autrefois accordé beaucoup plus bas que le ton d'orchestre. Il y avait à cet égard plusieurs systèmes. Le plus ancien et le plus singulier était celui de l'*orgue lombard*, en usage dans une partie de l'Italie, en Espagne et en Portugal, et qui consistait à accorder l'instrument une tierce mineure au-dessous du ton du diapason moyen.

Le second système était celui de l'*orgue romain*, accordé d'après les proportions canoniques des longueurs de tuyaux de 32 pieds, ou 16, ou 8, pour l'*ut* grave de l'instrument. Celui-là, plus généralement en usage, constituait ce qu'on appelait *le ton d'orgue*, pour le distinguer de ton d'orchestre, plus haut d'environ un demi-ton, il y a cinquante ans (1790), et maintenant plus élevé de plus d'un ton.

Insensiblement, les facteurs d'orgue ont été obligés de modifier les proportions des tuyaux, pour suivre le mouvement ascensionnel du diapason, et dans ces derniers temps, ils ont assimilé le ton de leurs instruments à celui de l'orchestre, en sorte que *le ton d'orgue* a disparu.

79. Dans les anciens temps, l'organiste, se conformant à la tonalité du plain-chant, accompagnait ce chant par une harmonie non modulante, semblable à celle dont faisaient usage les compositeurs de messes et de motets, en l'ornant seulement de fioritures. Les oreilles, alors accoutumées à cette tonalité, et à l'harmonie qui en était la conséquence, ne trouvaient ni trop monotone une musique qui ne modulait pas, ni trop dures certaines cadences, dont nos habitudes de la tonalité moderne rendent aujourd'hui la préparation nécessaire.

80. Les conséquences de cette différence dans l'accompagnement du plain-chant par l'organiste, étaient que certains tons n'étant jamais employés autrefois, les facteurs d'orgues ne faisaient point usage du tempérament dans l'accord de leurs instruments, rejetant toutes les imperfections de l'accord sur les notes des tons dont on ne se servait pas, et accordant d'une justesse absolue celles qui appartenaient aux tons du plain-chant. De là vient que les tons où il y avait beaucoup de bémols ou de dièses n'étaient pas jouables sur les anciennes orgues, et que la modulation y était en quelque sorte interdite.

Insensiblement, on a essayé d'appliquer la tonalité moderne à l'accompagnement du plain-chant sur l'orgue, et cet usage s'est étendu de jour en jour; par suite de cet usage, l'accord tempéré de l'orgue a été adopté; en sorte que les règles prescrites autrefois pour l'accompagnement du chant par l'organiste ne peuvent plus être conservées, et que de nouvelles indications doivent être données pour opérer dans l'accompagnement et dans la modulation la fusion des deux tonalités, sans altérer toutefois la gravité du chant par de trop fréquentes transitions accidentelles.

81. Et d'abord, il est nécessaire de dire que les usages particuliers des églises et les genres de voix qu'on y trouve servent de règles pour la transposition des tons du plain-chant dans les tons de l'orgue. Ainsi, pour la commodité du chœur, on transporte souvent un ton plus haut, ou un ton plus bas, le ton réel du chant; sorte de transposition qu'il ne faut pas confondre avec celle qui est l'objet du chapitre précédent. Par exemple, à Paris, on transpose en général les pièces du premier ton en *ut* mineur, ou même en *si* mineur, au lieu de *ré* mineur, qui devrait être le ton de l'orgue. De même, le cinquième ton transposé, qui devrait répondre à *ut* majeur, se transpose en *si* bémol. Les usages à cet égard varient à l'infini. Je me souviens qu'à Saint-Pierre-de-Douay j'étais obligé de donner le ton de *fa* dièse mineur à l'hymne *Sacris solemnis*, pour la commodité des chantres. Le diocèse de Paris est celui où il y a plus fréquemment perturbation dans l'analogie des tons du plain-chant avec ceux de l'orgue; en Belgique, au contraire, cette analogie est en général conservée.

82. Sauf les considérations particulières des localités, cette analogie s'établit de la manière suivante :

1er ton du plain-chant, ton de l'orgue, *ré* mineur.
2me   id. . . . .   id. . . . *ré* mineur ou *sol* mineur.
3me   id. . . . .   id. . . . *la* mineur avec finale en *mi*, et le *sol* sans dièse *.
4me   id. . . . .   id. . . . *mi* mineur, appuyant sur *la*.
5me   id. . . . .   id. . . . *fa* majeur ou *ut* majeur.
6me   id. . . . .   id. . . . *fa* majeur.
7mo   id. . . . .   id. . . . *sol* majeur, appuyant sur *ré*.
8me   id. . . . .   id. . . . *sol* majeur, avec finale en *sol*.

83. A l'égard de la modulation, l'application de l'harmonie moderne au plain-chant oblige à préparer des cadences correspondantes à notre tonalité actuelle pour tous les repos marqués par des traits verticaux sur la portée, ou des modulations incidentes pour les intervalles qui ne répondent pas à la tonalité actuelle. L'exemple suivant indiquera comment se succèdent les modulations.

1er *Répons des Matines de la Fête-Dieu* (1er ton).

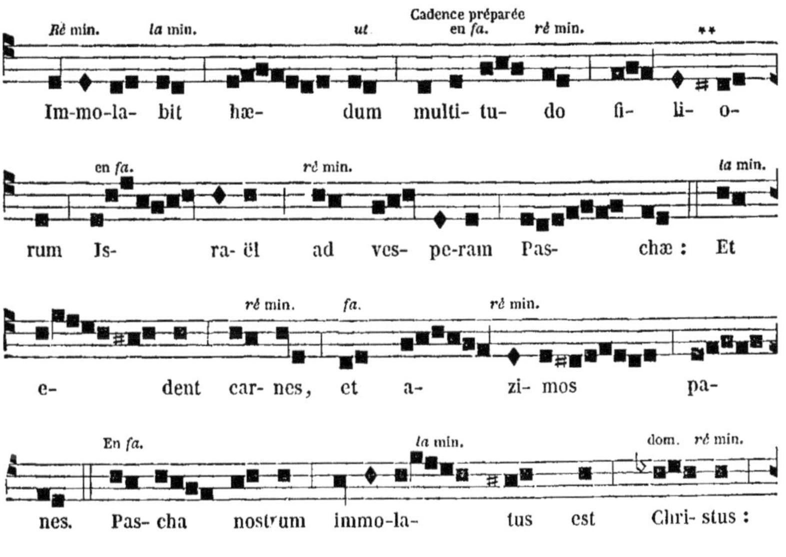

* Quelques organistes se persuadent que le troisième ton répond plus au ton d'*ut* qu'à tout autre, à cause de la fréquence de *sol* et d'*ut* dans les chants de ce ton; mais c'est une erreur, car le caractère du troisième ton a quelque chose de triste qui ne répond nullement à la majesté du ton d'*ut*.

** L'introduction de la tonalité moderne dans l'harmonie qui accompagne le plain-chant, a fait passer dans celui-ci la note sensible pour les cadences immédiates. Dans les premier, deuxième, troisième et quatrième tons, on emploie donc cette note sensible aux cadences finales, lorsque le signe de cette note sensible ne donne point lieu à des fausses relations de triton , ou de quarte diminuée, avec ce qui précède ou ce qui suit.

84. Il ne suffit pas que les préludes de l'organiste soient dans le ton de la pièce de plain-chant à laquelle ils servent d'introduction ; il faut encore qu'ils se terminent de manière à être en rapport avec la note par laquelle le chant commence. Pour cela, il faut avoir égard aux faits suivants :

1° La plupart des pièces de plain-chant du 1er ton commencent par la finale ou par sa tierce ; l'organiste doit terminer dans ce cas en *ré* mineur, ou à la tonique du ton adopté dans son église.

2° Lorsque le chant commence par la dominante de *ré* mineur ou du ton en usage dans l'église, l'organiste doit finir le prélude sur la dominante de *ré* mineur.

3° Les mêmes règles sont applicables au deuxième ton.

4° Les préludes du troisième ton doivent toujours se terminer en *mi* mineur, parce que les chants de ce ton commencent par *mi* ou par *sol*.

5° Quelques chants du quatrième ton commencent par la tierce au-dessous de la finale; pour ceux-là, le prélude de l'organiste doit se terminer en *la* mineur. D'autres commencent par la finale même ; dans ce cas, le prélude doit finir en *mi* mineur. Enfin le plus grand nombre des chants de ce ton commence par la note au-dessus, ou par la note au-dessous de la finale ; pour ceux-là, le prélude doit finir en *la* mineur, et l'organiste doit donner immédiatement l'accord parfait de *ré* mineur, quand il n'y a pas de serpent pour donner le ton.

6° La plupart des chants du cinquième ton commençant par la finale, le prélude doit se terminer en *fa*, ou en *ut*, si le ton est transposé.

7° La plupart des chants du sixième ton commençant par la finale, le prélude doit être terminé en *fa*.

8° Le plus grand nombre des chants du septième ton commençant par la dominante, le prélude se termine en *ré* majeur : pour ceux qui commencent par la finale, le prélude finit en *sol*.

9° Les chants du huitième ton qui commencent par la finale exigent la terminaison du prélude en *sol*. Quelques-uns commencent par la note au-dessous de la finale; le prélude doit finir alors en *ut*, pour donner immédiatement l'accord de *fa*, s'il n'y a pas de serpent au chœur.

10° Les chants mixtes du septième et du huitième tons ont souvent une forme entièrement étrangère au ton de *sol ;* cette forme se présente de la manière suivante :

Fragment de l'antienne du MAGNIFICAT *du dimanche de Septuagésime.*

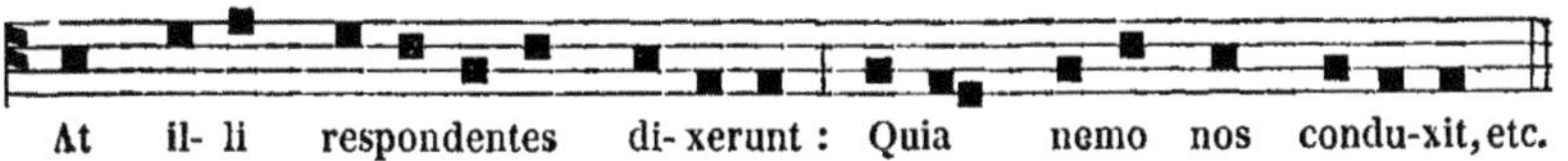

La dernière note du repos, avant le passage *Quia nemo,* etc., doit servir à la transition du ton de *sol* en celui de *fa* par l'organiste, qui se placera en *ut* sur la deuxième syllabe de *Nemo,* pour rentrer en *sol* sur les notes suivantes.

§ X.

De la Psalmodie.

85. La *Psalmodie* est le chant des psaumes et des cantiques en usage dans l'église.

86. Les psaumes et cantiques sont divisés en *versets* plus ou moins longs, mais qui renferment en général un texte assez court.

87. Le chant des psaumes s'appelle *intonation.*

Les intonations sont de deux espèces : celles de la première appartiennent à la messe, et servent pour le verset de psaume qu'on chante après l'*Introït,* et pour le *Gloria Patri* qui termine toujours cette partie de la messe. Les autres intonations appartiennent aux psaumes des vêpres.

Ces intonations de l'introït sont appelées *solennelles,* pour les distinguer des autres.

88. Il y a une intonation différente pour chacun des huit tons de ces versets de l'*introït.* En voici les formules :

Du 1ᵉʳ ton.

Le même chant se répète sur tous les versets.
Tout psaume se termine par le verset *Gloria Patri,* etc.

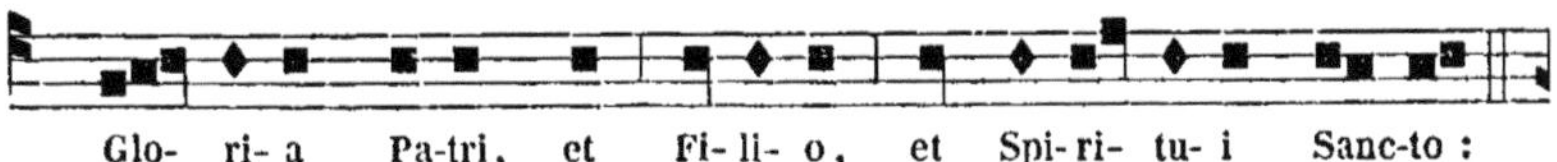

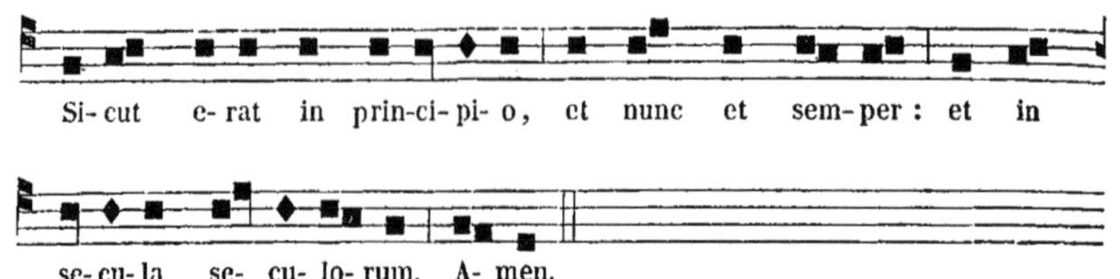

Du 2ᵉ ton.

Dans quelques églises, on dit :

Du 3ᵉ ton.

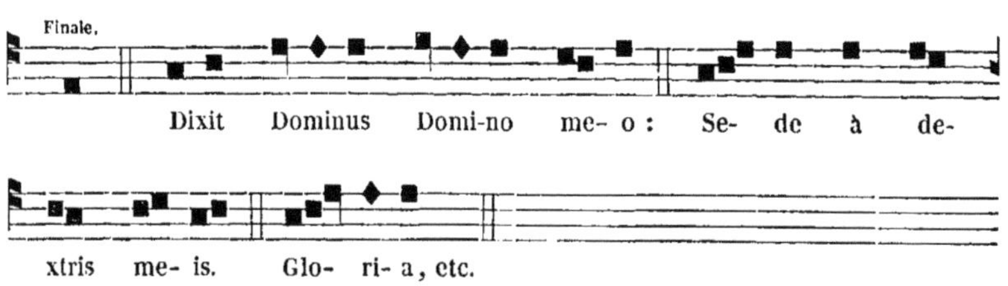

Du 4ᵉ ton.

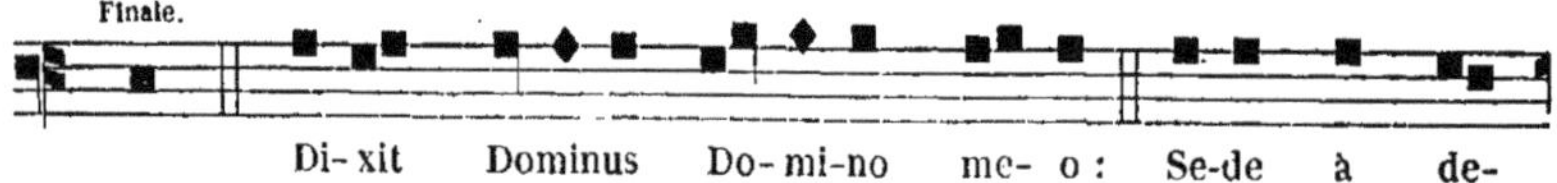

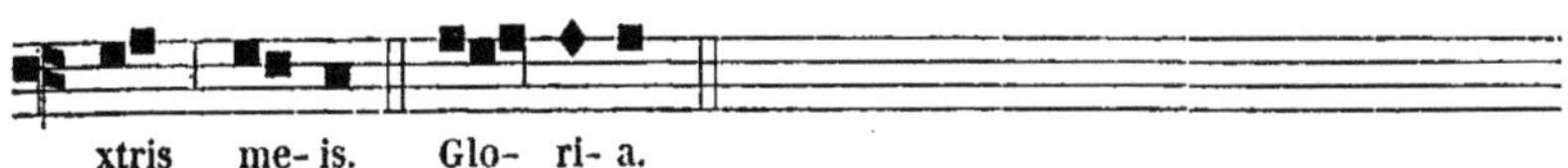

Du 5ᵉ ton.

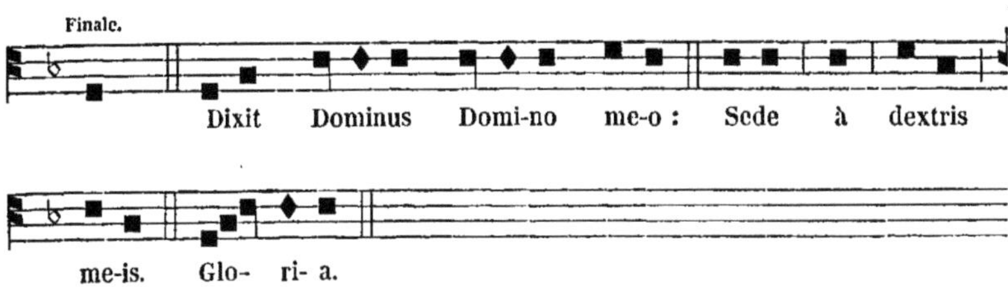

Dans quelques églises, on dit :

Du 6ᵉ ton.

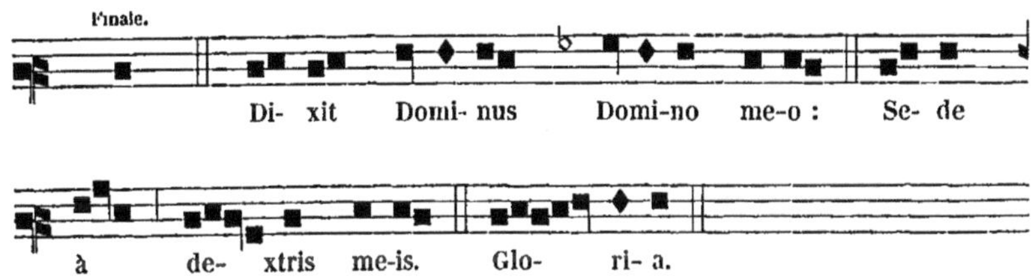

Du 7ᵉ ton.

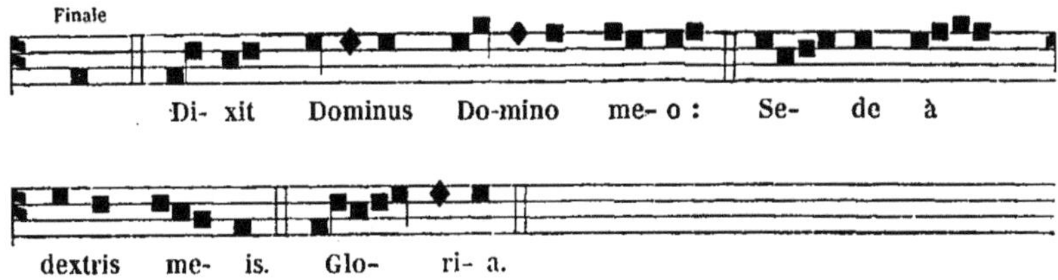

Du 8ᵉ ton.

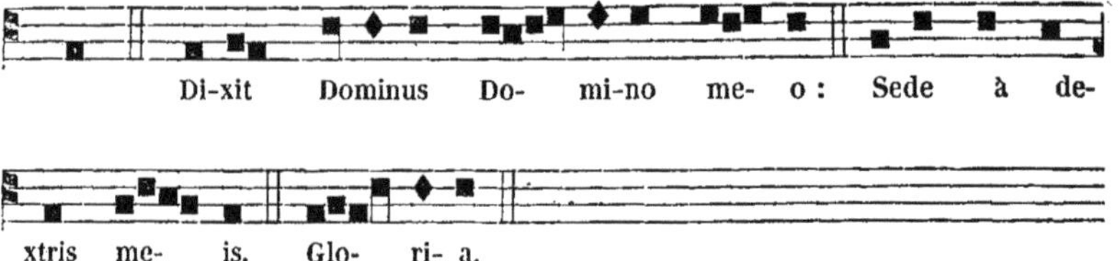

Dans quelques églises, on dit :

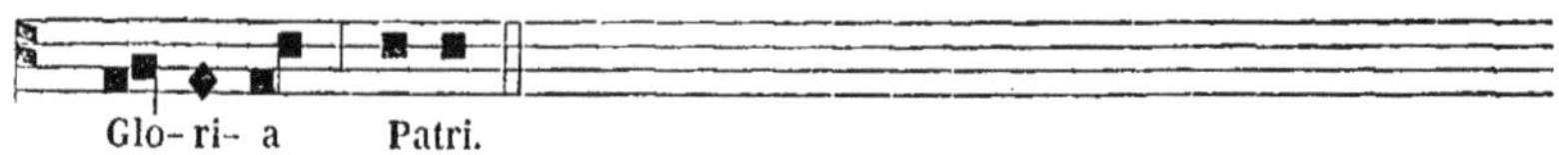

89. Toute intonation de psaume ou de cantique des vêpres se divise en trois parties : la première est appelée *commencement* ou *introduction ;* le milieu s'appelle *médiation ;* la troisième partie est la *fin* ou *terminaison.*

La médiation se trouve sur les dernières paroles de la première partie du verset, qui est séparée du second par une astérique dans l'Antiphonaire, ou dans le Vespéral.

Les anciens maîtres de chant faisaient usage de certaines formules pour marquer les trois parties de l'intonation de chaque ton sur ces paroles : *Primus,* ou *secundus,* ou *tertius,* etc. *Modus sic incipit , sic mediatur,* et *sic finitur ;* mettant ces derniers mots sur autant de formes qu'il y avait de terminaison en usage pour chaque ton.

EXEMPLE :

90. Ces différentes terminaisons sont réglées par le chant du *Seculorum amen,* qui finit tous les psaumes et les cantiques. Or , l'antiphonaire ne donnant après les an-

tiennes des vêpres que le commencement du psaume qui suit chaque antienne avec la terminaison, on a imaginé d'abréger les mots *seculorum amen*, en ne prenant que les voyelles *e, u, o, u, a, e*, qui s'y trouvent, et en plaçant sur ces voyelles les notes de la terminaison. Telle est l'origine du mot barbare *Euouae* qu'on trouve dans tous les antiphonaires, après le commencement du psaume qui suit chaque antienne des vêpres.

91. Les terminaisons ou cadences varient en raison de la solennité du jour, et aussi suivant les usages des églises ; enfin la différence des temps y a aussi introduit une multitude de variétés. Cependant le rit romain en a réglé les formules, qui ont été généralement adoptées dans les églises qui suivent ce rit. En voici la table pour les intonations de tous les tons.

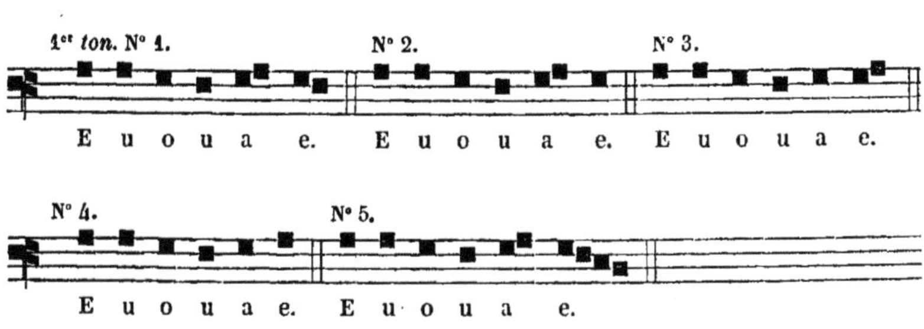

Le second ton n'a qu'une seule cadence, que voici :

Le cinquième ton n'a qu'un seul *euouae* pour tous les psaumes :

Le sixième ton n'a aussi que ce seul *seculorum amen;* mais le septième en a cinq, que voici :

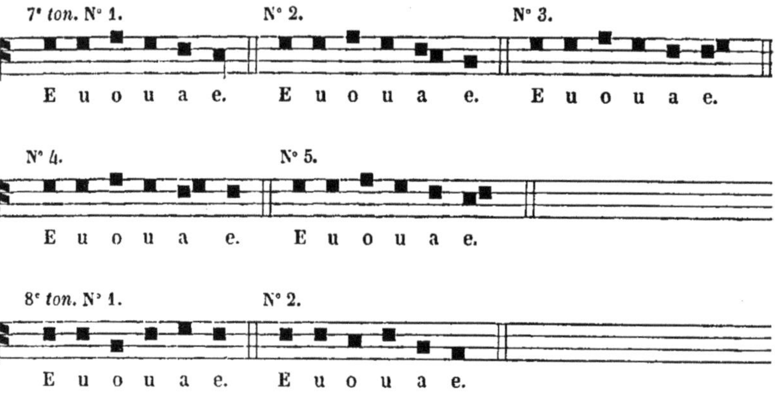

92. Non seulement le ton du psaume est toujours le même que celui de l'antienne qui le précède, mais c'est aussi le commencement de l'antienne qui règle le choix du *seculorum amen* ou de l'*euouae* du psaume. Voici les règles principales de ce choix :

1° Lorsque l'antienne commence par *ré* et descend à *ut*, comme dans *Corpora Sanctorum*, le *seculorum amen* est celui du n° 1 du 1er ton ;

2° Lorsque l'antienne commence par *ut, ré, sol*, la cadence est celle du n° 2 du même ton.

3° Lorsque l'antienne commence par *ré, la* ascendant, comme dans *Vos amici mei estis*, l'*euouae* est celui du n° 3 du même ton ;

4° Lorsque l'antienne commence par *fa, la*, comme dans *Inclinavit*, l'*euouae* est celui du n° 4.

5° Si l'antienne commence par *ut*, et monte par degrés jusqu'à la cinquième note du ton, la cadence est du n° 5.

6° Toute antienne du troisième ton, qui commence par *mi*, a pour *seculorum amen* le n° 1 de ce ton.

7° Lorsqu'une antienne de ce ton commence par *sol* suivi de *la*, *ut*, comme *Salva nos*, l'*euouae* est celui du n° 2 du même ton;

8° Si l'antienne commence par *sol*, et monte par degré jusqu'à *ut*, comme *Homo quidam* de l'octave de la Fête-Dieu, l'*euouae* est celui du n° 3 du même ton.

9° Les antiennes du quatrième ton qui commencent par *mi* et vont se reposer sur *sol*, ont pour *seculorum amen* le n° 1 de ce ton, comme *Prudentes virgines*;

10° Les antiennes de ce ton qui commencent par *ré* et se portent immédiatement sur *sol*, comme *Læva ejus*, ont pour cadence le n° 2.

11° Les antiennes qui commencent par *fa*, descendent à *ré*, puis remontent immédiatement, comme *Maria, et flumina*, ont pour cadence le n° 3 ;

12° Les antiennes qui commencent par *mi* et montent à *sol*, par saut de tierce, ont pour *euouae* le n° 4;

13° Il n'y a qu'une seule cadence pour le cinquième ton.

14° Il n'y a qu'une seule cadence pour les psaumes du sixième ton ;

15° Lorsqu'une antienne du septième ton commence par *la*, l'*euouae* de ce psaume doit être le n° 1 de ce ton;

16° Si l'antienne commence par *sol* et monte à la quinte *ré*, comme dans celle qui commence par les mots : *Dum præliaretur*, l'*euouae* est celui du n° 2 du même ton;

17. Si l'antienne commence par *sol* et fait un mouvement de quinte sur *ré*, sans intermédiaire, comme dans *Gabriel angelus*, l'*euouae* est celui du n° 3 du même ton;

18° Si l'antienne commence par *si* et monte à *ré*, comme dans celle qui commence par les mots : *Serve bone*, la cadence du psaume est celle du n° 4;

19° Enfin, si l'antienne commence par *ré*, comme dans : *Ecce sacerdos magnus*, la cadence du psaume est celle du n° 5 du même ton ;

20° Lorsqu'une antienne du huitième ton commence par *ut*, comme *Hoc est præceptum meum*, l'*euouae* du psaume est celui du n° 1 du même ton ;

21° Tous les autres commencements d'antiennes du huitième ton ont pour cadence du psaume celle du n° 2 du même ton.

Telles sont les règles des *euouae* placés dans tous les antiphonaires à la suite des intonations des psaumes des vêpres ; règles trop peu connues des chantres.

93. Les intonations des psaumes des vêpres se distinguent en *Festivales* et *Féria.es*, en raison de leur caractère plus ou moins solennel. Les premières servent pour les fêtes et dimanches, les autres pour les simples jours fériés.

Voici la table des deux genres d'intonation pour les huit tons, avec les paroles de tous les psaumes qui se chantent aux vêpres.

FINALE de l'antienne

Intonation festivale du 1er ton.

Médiation.

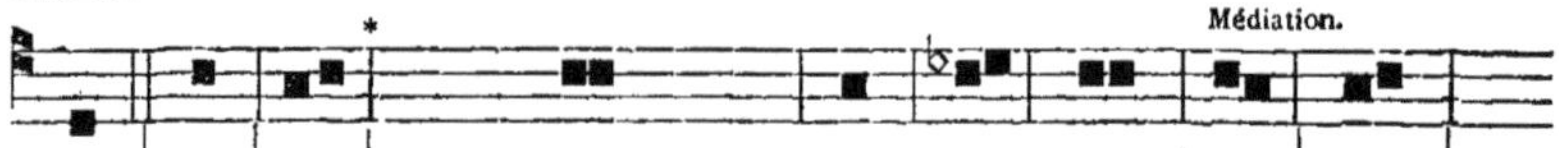

FINALE de l'antienne

Intonation fériale du 1er ton.

Finale.

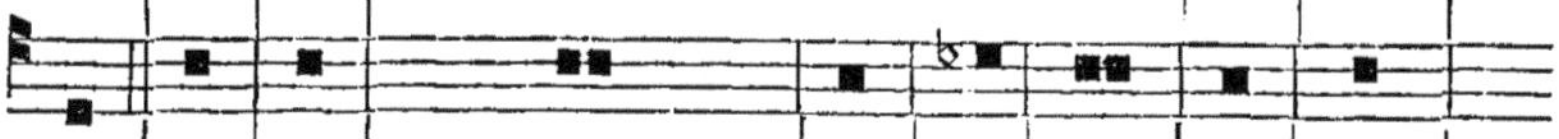

1.	Di-	xit	Domi-	nus	Do-	mino	me-	o,
2.	Con-	fi-	tebor tibi Domine in to-	to	cor-	de	me-	o
3.	Lau-	da-	. . . .	te	pu-	eri	Do-	minum
4.	Be-	a-	tus vir	qui	ti-	met	Do-	minum
5.	Cre-	di-	di pro-	pter	quod	lo-	cu-	tus sum
6.	Lau-	da-	te Domi-	num	O-	mnes	gen-	tes.
7.	De	pro-	fundis clama-	vi	ad	te,	Do-	mine.
8.	Me-	men	. . . .	to	Do-	mine	Da-	vid.
9.	Læ-	ta-	tus sum in his,	quæ	di-	cta sunt	mi-	hi.
10.	Ni-	si	Dominus ædi-	fi-	ca-	verit	do-	muum.
11.	Lau-	da	. . . .	Je-	ru-	salem	Do-	minum.
12.	Be-	a-	ti omnes	qui	ti-	ment	Do-	minum.
13.	In	con-	vertendo Dominus capti-	vi-	ta-	tem	Si-	on.
14.	Do-	mi-	ne probasti me	et	co-	gno-	vi-	sti me.

Le psaume *In exitu Israël* a une mélodie particulière qui sera donnée ci-après.

---

* Les notes qui ne font pas de mouvement et qui restent sur la dominante, se répètent autant de fois que les paroles l'exigent. Aucune autre note que la dominante ne doit être répé éc dans le chant des psaumes, si ce n'est sur une liaison.

Intonation festivale du 2ᵉ ton.

FINALE
de
l'antienne

Médiation.

Intonation fériale du 2ᵉ ton.

FINALE
de
l'antienne.

Finale.

1.	Di-	xit	Do-	minus Domino	me-	o.
2.	Con-	fi-	te-	bor tibi Domine in toto corde	me-	o.
3.	Be-	a-	tus	vir qui timet	Do-	minum.
4.	Lau-	da-	te	pueri	Do-	minum.
5.	Cre-	di-	di	propter quod locu-	tus	sum.
6.	Lau-	da-	te	Dominum omnes	gen-	tes.
7.	Læ-	ta-	tus	sum in his, quæ dicta sunt	mi-	hi.
8.	In	con-	ver-	tendo Dominus captivitatem	Si-	on.
9.	De	pro-	fun-	dis clamavi ad te	Do-	mine.
10.	Me-	men-	to	Domine	Da-	vid.
11.	Ni-	si	Do-	minus ædificaverit	do-	muum.
12.	Be-	a-	ti	omnes qui timent	Do-	minum.
13.	Lau-	da	Je-	rusalem	Do-	minum.
14.	Do-	mi-	ne	probasti me et cognovi-	sti	me.

Intonation festivale du 3ᵉ ton.

Finale
de
l'antienne.

Médiation.

Intonation fériale du 3ᵉ ton.

Finale
de
l'antienne.

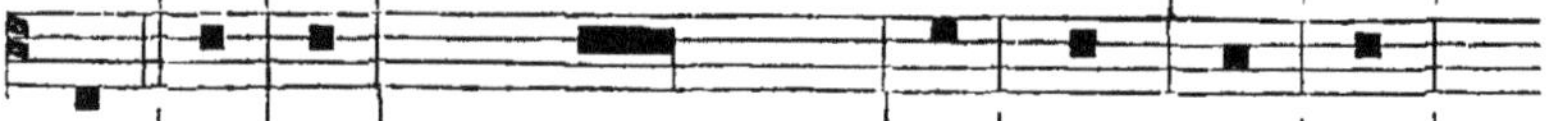

1.	Di-	xit	Dominus	Do-	mino	me-	o.
2.	Con-	fi-	tebor tibi Domine in toto	cor-	de	me-	o.
3.	Be-	a-	tus vir, qui	ti-	met	Domi-	num.
4.	Lau-	da-	te	pu-	eri	Domi-	num.
5.	Cre-	di-	di propter	quod	lo-	cutus	sum.
6.	Lau-	da-	te Dominum	om-	nes	gen-	tes.
7.	De	pro-	fundis clamavi	ad	te	Domi-	ne.
8.	Me-	men-	to	Do-	mine	Da-	vid.
9.	Læ-	ta-	tus sum in his, quæ	di-	cta sunt	mi-	hi.
10.	Ni-	si	Dominus ædifi-	ca-	verit	do-	mum.
11.	Be-	a-	ti omnes, qui	ti-	ment	Domi-	num.
12.	In	con-	vertendo Dominus captivi-	ta-	tem	Si-	on.
13.	Lau-	da	Je-	ru-	salem	Domi-	num.
14.	Do-	mi-	ne probasti me, et	co-	gno-	visti	me.

Intonation festivale du 4ᵉ ton.

Finale
de
l'antienne.

Médiation.

Finale.

Intonation fériale du 4ᵉ ton.

Finale
de
l'antienne.

1.	Di-	xit	Dominus Do-	mi-	no	me-	o.
2.	Con-	fi-	tebor tibi Domine in toto	cor-	de	me-	o.
3.	Be-	a-	tus vir, qui	ti-	met	Do-	minum.
4.	Lau-	da-	te Dominum	om-	nes	gen-	tes.
5.	Cre-	di-	di propter quod lo-	cu-	tus	snm.	—
6.	Lau-	da-	te Du-	e-	ri-	Do-	minum.
7.	De	pro-	fundis clamavi	ad	te	Do-	mine.
8.	Me-	men-	to	Do-	mine	Da-	vid.
9.	Læ-	ta-	tus sum in his, quæ di-	cta	sunt	mi-	hi.
10.	Nl-	si	Dominus ædifi-	ve-	rit	do-	mum.
11.	Lau-	da	Jeru-	sa-	lem	Do-	minum.
12.	Be-	a-	ti omnes, qui	ti-	ment	Do-	minum,
13.	In	con-	vertendo Dominus captivi-	ta-	tem	Si-	on.
14.	Do-	mi-	ne probasti me, et cogno-	vi-	sti	me.	—

Intonation festivale du 5ᵉ ton.

Finale
de
l'antienne.

Médiation.

Finale
de
l'antienne.

Intonation fériale du 5ᵉ ton.

Finale.

				minus Domino	me-	o.
1.	Di-	xit	Do-	minus Domino	me-	o.
2.	Con-	fi-	te-	bor tibi Domine in toto corde	me-	o.
3.	Be-	a-	tus	vir, qui timet	Do-	minum.
4.	Lau-	da-	te	pueri	Do-	minum.
5.	Cre-	di-	di	propter quod locutus	sum.	—
6.	Lau-	da-	te	Dominum omnes	gen-	tes.
7.	De	pro-	fun-	dis clamavi ad te	Do-	mine.
8.	Me-	men-	to	Domine Da-	vid.	
9.	Læ-	ta-	tus	sum in his, quæ dicta sunt	mi-	hi.
10.	Ni-	si	Do-	minus ædificaverit	do-	mum.
11.	Lau-	da-	Je-	rusalem	Do-	minum.
12.	Be-	a-	ti	omnes qui timent	Do-	minum.
13.	In	con-	ver-	tendo Dominus captivitatem Si-	on.	—
14.	Do-	mi-	ne	probasti me, et cognovisti	me.	—

Il y a une autre intonation fériale du cinquième ton plus simple que la précédente ; la voici :

Finale
de
l'antienne.

Intonation festivale du 6° ton.

Médiation.

Finale
de
l'antienne.

Intonation fériale du 6° ton.

Finale.

1.	Di-	xit	Dominus Domi-	no	me-	o.
2.	Con-	fi-	tebor tibi Domine in toto cor-	de	me-	o.
3.	Be-	a-	tus vir, qui ti-	met	Do-	minum.
4.	Lau-	da-	te, pue-	ri	Do-	minum.
5.	Cre-	di-	di propter quod	lo-	cutus	sum.
6.	Lau-	da-	te Dominum om-	nes	gen-	tes.
7.	De	pro-	fundis clamavi ad	te	Do-	mine.
8.	Me-	men-	to Domi-	ne	Da-	vid.
9.	Læ-	ta-	tus sum in his, quæ dicta	sunt	mi-	hi.
10.	Ni-	si	Dominus ædificave-	rit	do-	mum.
11.	Lau-	da	Jerusa-	lem	Do-	minum.
12.	Be-	a-	ti omnes, qui ti-	ment	Do-	minum.
13.	In	con-	vertendo Dominus captivita-	tem	Si-	on.
14.	Do-	mi-	ne probasti me, et cogno-	vi-	sti	me.

94. Il y a une autre intonation festivale et fériale du sixième ton, en usage dans quelques églises d'Italie, de l'Allemagne catholique, et des Pays-Bas; la voici :

Finale
de
l'antienne.

Intonation festivale.

Médiation.

Finale
de
l'antienne.

Intonation fériale.

Finale.

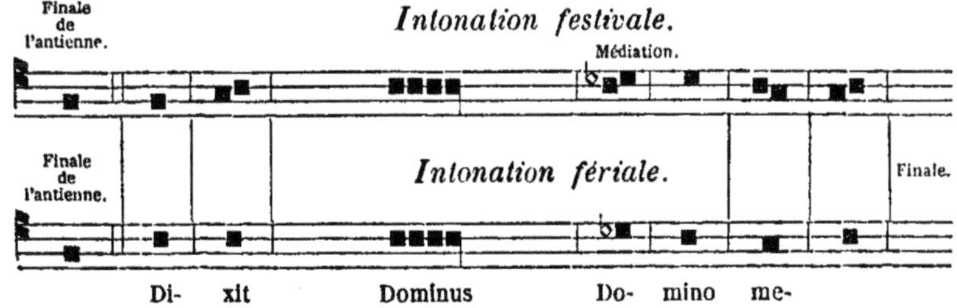

Intonation festivale du 7ᵉ ton

Finale
de
l'antienne.

Médiation.

Finale
de
l'antienne.

Intonation fériale du 7ᵉ ton.

Finale.

1.	Di-	xit	Dominus	Do-	mino	me-	o.
2.	Con-	fi-	tebor tibi Domine in toto	cor-	de	me-	o.
3.	Be-	a-	tus vir, qui	ti-	met	Do-	minum.
4.	Lau-	da-	te	pu-	eri	Do-	minum.
5.	Cre-	di-	di propter	quod	lo-	cu-	tus sum.
6.	Lau-	da-	te Dominum	om-	nes	gen-	tes.
7.	De	pro-	fundis clamavi	ad	te	Do-	mine.
8.	Me-	men-	to	Do-	mine	Da-	vid.
9.	Læ-	ta-	tus sum in his, quæ	di-	cta sunt	mi-	hi.
10.	Ni-	si	Dominus ædifica-	ve-	rit	do-	mum.
11.	Lau-	da	Jeru-	sa-	lem	Do-	minum.
12.	Be-	a-	ti omnes, qui	ti-	ment	Do-	minum.
13.	In	con-	vertendo Dominus captivi-	ta-	tem	Si-	on.
14.	Do-	mi-	ne probasti me , et	co-	gno-	vis-	ti me.

Intonation festivale du 8ᵉ ton.

Finale
de
l'antienne.

Médiation.

Finale
de
l'antienne.

Intonation fériale du 8ᵉ ton.

Finale.

1.	Di-	xit	do-	minus Domino	me-	o.
2.	Con-	fi-	te-	bor tibi Domine in toto corde	me-	o.
3.	Be-	a-	tus	vir, qui timet	Do-	minum.
4.	Lau-	da-	te	pueri	Do-	minum.
5.	Cre-	di-	di	propter quod locutus	sum.	—
6.	Lau-	da-	te	Dominum omnes	gen-	tes.
7.	De-	pro-	fun-	dis clamavi ad te	Do-	mine.
8.	Me-	men-	to	Domine Da-	vid.	—
9.	Læ-	ta-	tus	sum in his, quæ dicta sunt	mi-	hi.
10.	Ni-	si-	Do-	minus ædificaverit	do-	mum.
11.	Lau-	da	Je-	rusalem	Do-	minum.
12.	Be-	a-	ti	omnes, qui timent	Do-	minum.
13.	In-	con-	ver-	tendo Dominus captivitatem	Si-	on.
14.	Do-	mi-	ne	probasti me, et cognovisti	me.	—

95. Dans les premiers temps de l'église, le psaume *In exitu Israel* était chanté sur les intonnations des huit tons comme les autres ; mais vers la fin du huitième siècle, une mélodie particulière s'introduisit dans le chant romain, et depuis lors elle y a été en usage. Voici cette mélodie, dont le caractère mélancolique est bien adapté au sens des paroles :

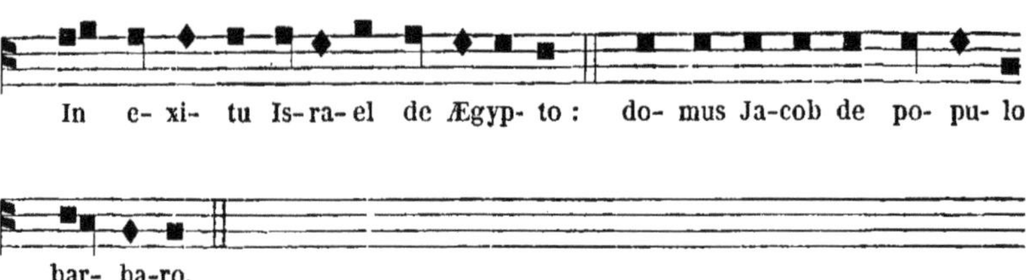

96. Le diocèse de Paris a une version altérée de ce chant; la voici :

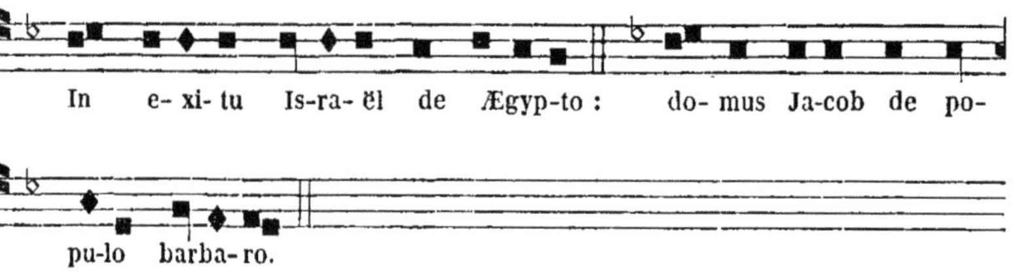

97. Le même diocèse a aussi des modifications introduites dans les intonations des huit tons pour les autres psaumes : je crois devoir les donner ici pour l'usage des personnes destinées à chanter dans les églises de ce diocèse.

1er *Ton.*

2^e *Ton.*

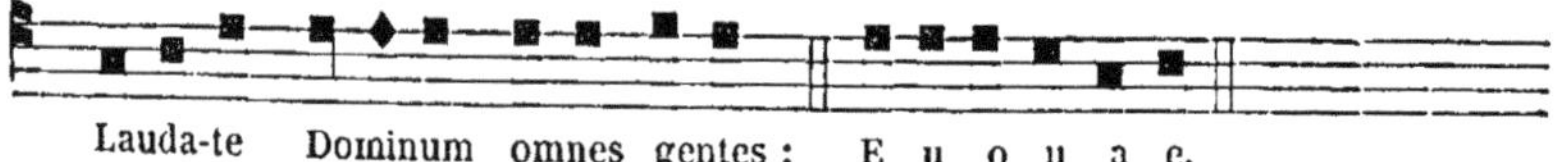

3ᵉ *Ton.*

4ᵉ *Ton.*

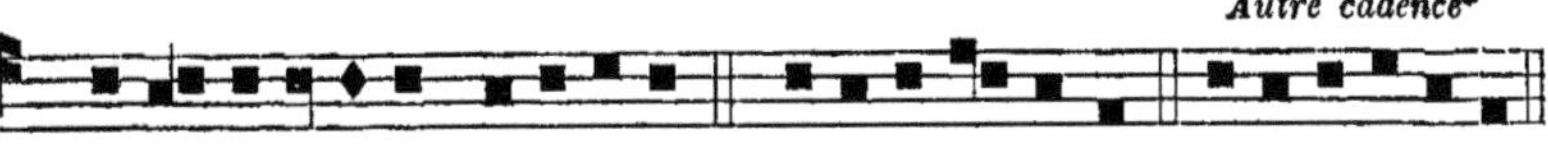

5ᵉ *Ton.*

6ᵉ *Ton.*

7ᵉ *Ton.*

---

* Il y a quelques cadences en usage pour ce ton, à Paris ; mais il n'y a pas d'exagération à affirmer qu'elles sont absurdes. On en peut juger par celles-ci, qui établissent les plus monstrueuses modulations :

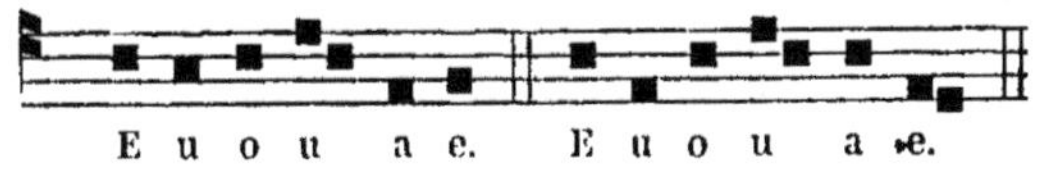

Les auteurs inconnus de ces cadences n'avaient aucunes notions de la théorie de la tonalité du plain-chant.

8ᵉ *Ton.*

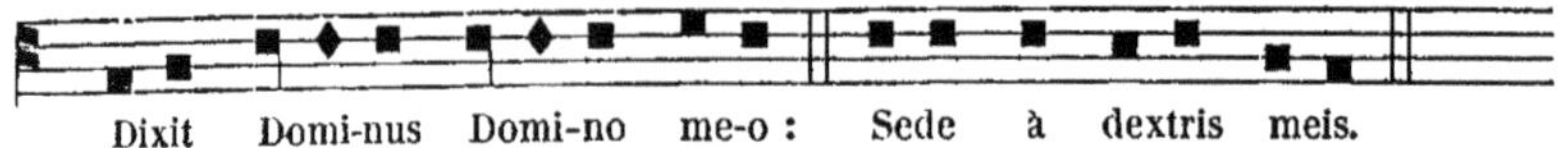

98. Les cantiques ont, dans leurs intonations des huit tons, les mêmes formes que les psaumes, et sont, comme ceux-ci, réglés par l'antienne qui les précède. Si l'antienne est du premier ton, l'intonnation du cantique appartient à ce ton, et ainsi des autres.

99. Les cantiques qui suivent les intonations des psaumes sont : 1° celui de la Vierge Marie : *Magnificat anima mea Dominum* ; 2° celui de Siméon : *Nunc dimitis servum tuum Domine* ; 3° le *Benedictus Dominus Deus Israël.*

100. Ainsi que les psaumes, le *Magnificat* et le *Benedictus* ont des intonations festivales et fériales, en raison de la solennité du jour. Le commencement, la médiation et la cadence sont les mêmes qu'aux psaumes pour chaque ton.

Intonation festivale (1ᵉʳ ton).

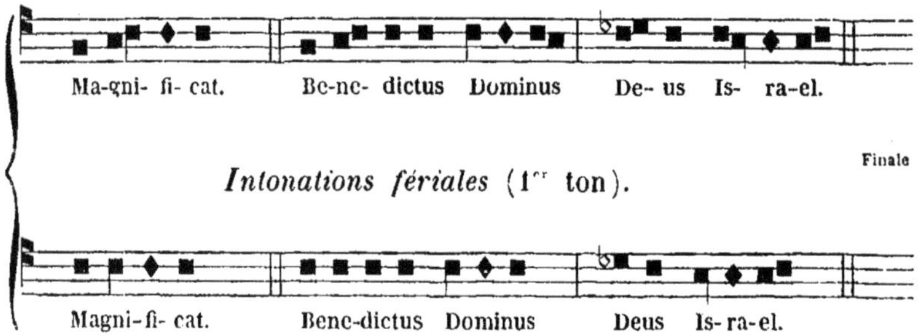

2ᵉ *Ton.*

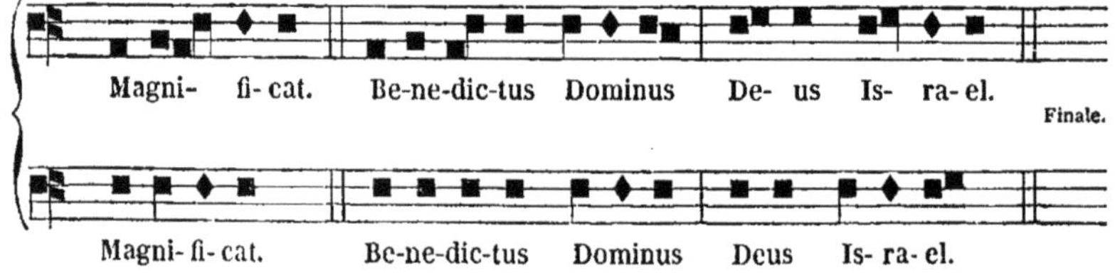

3ᵉ *Ton.*

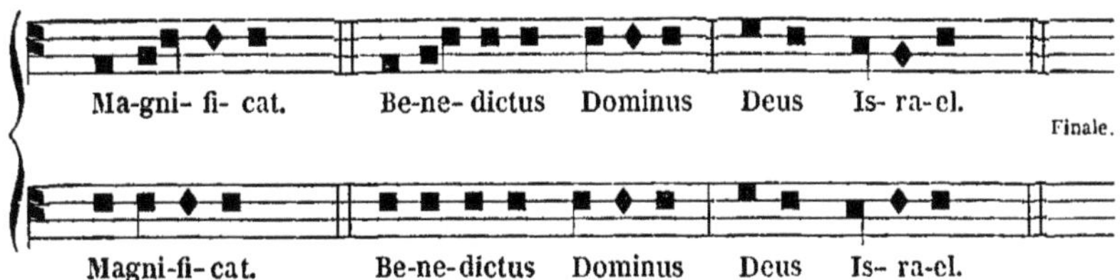

4ᵉ *Ton.*

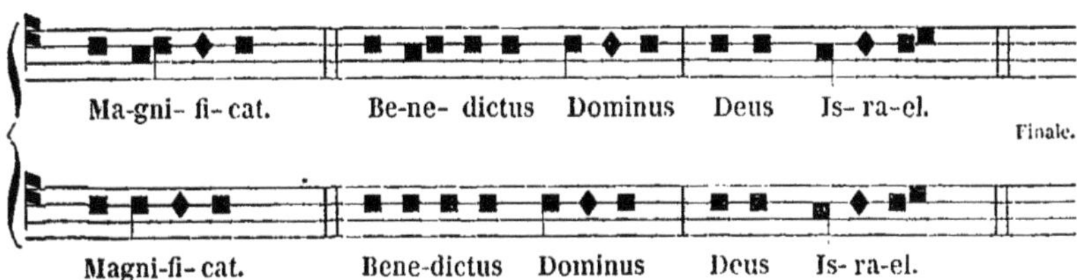

5ᵉ *Ton.*

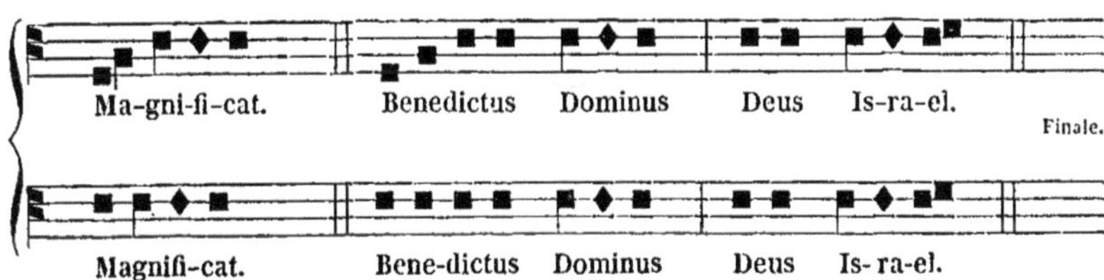

6ᵉ *Ton.*

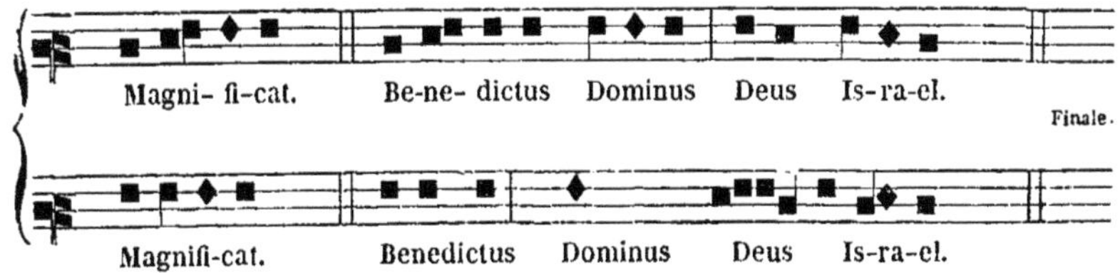

7ᵉ *Ton.*

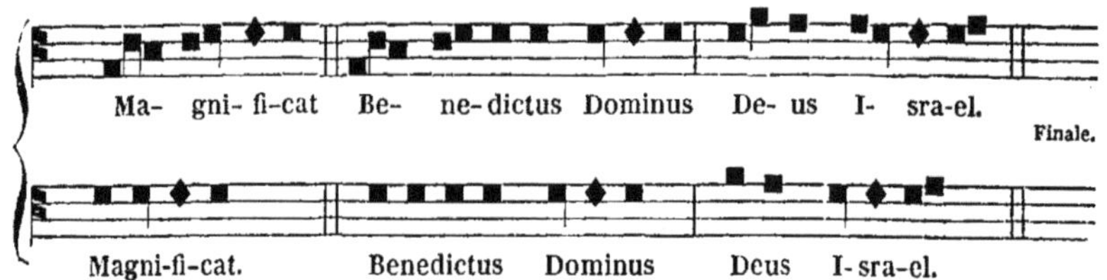

8ᵉ *Ton.*

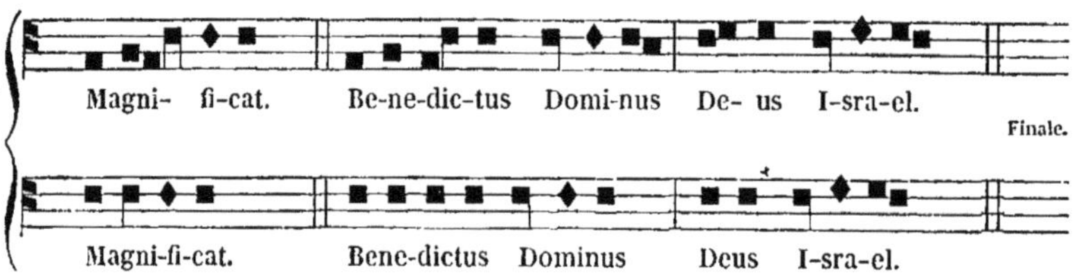

101. A l'exception de légères variantes, les intonations des *Magnificat* et *Benedictus* de Paris sont les mêmes que celles du chant romain. Ces variantes se font remarquer particulièrement dans les cinquième, septième et huitième tons ; ainsi, au lieu de l'intonation du cinquième : 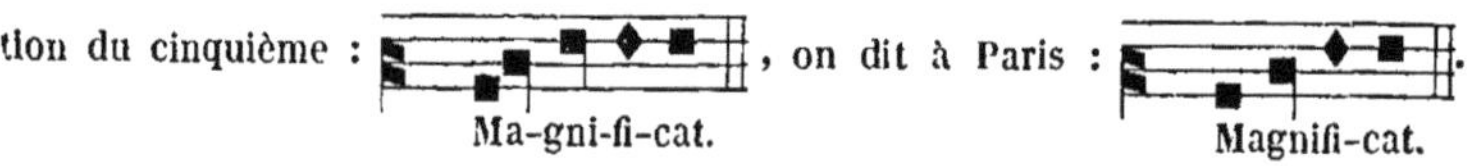, on dit à Paris : .

Dans le septième ton, au lieu de : , on dit :

Enfin, on dit à Paris, pour l'intonation du 8ᵉ ton : 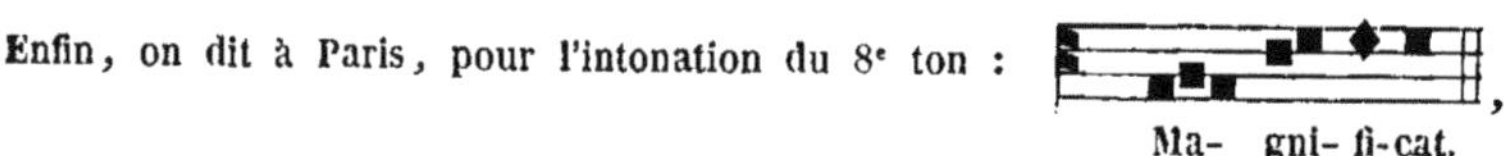,

forme contournée qui laisse de l'incertitude entre le septième et le huitième ton.

§ XII.

Du chant des parties de la messe.

102. Le chant de l'office divin se divise en deux parties principales qui sont : 1° la messe; 2° l'office du soir et de la nuit ou du matin, qui comprend les *vêpres, complies, salut, matines* divisées en trois nocturnes : *laudes, les heures,* divisées en *prime , tierce, sexte* et *none.*

103. Tout le chant de la messe est renfermé dans un livre auquel on donne le nom de *Graduel.* Un autre livre, appelé *Antiphonaire,* contient tout le chant de l'office du soir et de la nuit ou du matin. D'autres livres, qui ne sont que des divisions de celui-ci, renfermant des parties séparées de l'office, sont aussi en usage; tels sont le *Vespéral,* qui ne contient que le chant des vêpres; le *Processional,* où l'on trouve les litanies et autres pièces de chant en usage dans les processions, etc.

104. La liturgie, dont les usages varient dans les diverses parties du monde chrétien, règle l'ordre dans lequel chaque portion de l'office divin doit être célébrée. De même le chant a subi diverses modifications, suivant les temps et les lieux. Tout cela est indiqué dans les livres imprimés pour l'usage de chaque diocèse, avec approbation des évêques.

105. Le chant grégorien, qui est le chant par excellence, a malheureusement subi de graves altérations, par diverses circonstances qui ne peuvent être détaillées ici. Ce qui reste de plus pur de ses formes s'est conservé à Rome, dans la chapelle pontificale, et porte, à cause de cela, le nom de *plain-chant romain.* Ce chant est généralement en usage dans les églises de l'Italie, de l'Allemagne, de la Belgique et d'une partie de la France, mais avec des variantes introduites par le caprice des chantres, ou par l'ignorance et l'incurie des copistes qui travaillaient à la confection des livres de chant.

En Espagne , le rit Eugénien, combiné avec les ornements du chant arabe, a donné naissance au chant mozarabique. Les églises qui n'ont pas adopté en entier celui-ci n'ont pu cependant empêcher qu'il ne se glissât dans leurs livres quelque chose de ses formes exotiques.

Enfin, dans quelques diocèses de la France , notamment à Paris , les formes du chant romain ont commencé à subir de notables altérations dès la fin du seizième siècle ; dans les dix-septième et dix-huitième, le mal est devenu beaucoup plus considérable par les réformes que des hommes peu instruits , nonseulement dans ce qui constitue la pureté du chant romain , mais dans la théorie de la tonalité de ce chant, ont tenté d'y introduire , et par la composition d'une multitude de chants vicieux et de mauvais goût.

L'usage de toutes ces variétés de chant s'est établi par le temps et par les éditions multipliées des différentes versions. Or, il n'appartient à personne d'entreprendre l'épuration des livres de chant, encore moins de ramener toutes les églises à l'unité, sans le concours de l'autorité ecclésiastique. Je ne donnerai donc pas ici des modèles de chaque genre de pièce puisés aux meilleures sources , parce qu'ils ne seraient pas utiles aux lecteurs de cette méthode. Ce que j'en ai présenté jusqu'ici n'a eu pour objet que de faire bien comprendre le mécanisme du véritable système de la tonalité régulière. Quant au reste , quiconque se destine à la profession de chantre ou d'organiste devra se procurer le *Graduel* et l'*Antiphonaire* du diocèse où il doit être employé, et y chercher les formes usitées des chants.

106. On comprendra, d'après ce que je viens de dire, qu'en traitant des diverses pièces de chant de l'office divin, je me propose de faire connaître la place qu'elles occupent, et quelques règles relatives à leur tonalité.

107. Les principales parties chantées de la Messe sont : 1° l'*Introït*, suivi d'un verset de psaume et du *Gloria Patri*; 2° le *Kyrie*; 3° le *Gloria in excelsis Deo*; 4° le *Graduel* [*], suivi de l'*Alleluia* ou du *Trait*; 5° la *Prose*, quand il doit y en avoir une; 6° le *Credo*; 7° l'*Offertoire*; 8° le *Sanctus*; 9° l'*Agnus Dei*; 10° la *Communion*.

108. Le *Graduel*, ainsi que l'*Antiphonaire*, est divisé en deux parties appelées *Propre du Temps*, et *Commun des saints*: l'office de chaque jour ou de chaque fête de saint fait connaître le chant de l'*Introït*, du *Graduel*, de l'*Offertoire* et de la *Communion*. Le *Kyrie*, le *Gloria*, le *Sanctus* et l'*Agnus Dei* se trouvent rangés par classes placées ordinairement à la fin du *Graduel*. Ces classes comprennent les *solennels majeurs* et *mineurs*, ou fêtes de première et seconde classes, les fêtes de la vierge Marie, les *doubles*, *semi-doubles* et *simples*, les dimanches et doubles du *temps pascal*, les semi-doubles du même temps, la *Messe des Anges*, etc. La cartabelle, que doit avoir tout chantre ou organiste, indique la classe de la messe et de l'office du jour. A défaut de cartabelle, il faut s'informer de l'office à la sacristie de l'église où l'on est attaché.

Le chant du symbole ou *Credo* se trouve séparément au commencement ou à la fin de chaque *Graduel*: il est le même pour toutes les messes. Cependant on fait usage aux grandes fêtes, dans quelques églises de France, d'un *Credo* composé par Dumont, maître de la chapelle du roi (Louis XIV), et qui porte son nom.

109. Le chant de l'*Introït* est toujours dans le ton du verset du psaume et du *Gloria Patri* qui le suivent. Il suffit donc d'avoir la connaissance des intonations des psaumes pour trouver immédiatement le ton de l'*Introït*, quelque incertitude que puissent laisser les formes de ce chant.

110. Tout *Graduel* est divisé en deux parties dont la seconde porte le nom de *verset*. Dans quelques églises, on reprend le graduel après le verset. Cet usage est fondé sur ce que la finale du verset n'est pas toujours celle du ton, et que celle-ci ne se trouve qu'à la fin de la première partie du graduel. On voit souvent le verset dans le plagal d'un ton quand le graduel est dans l'authentique, *et vice versâ*. Voici un exemple de cela pris dans le graduel de la messe du troisième dimanche de l'Avent.

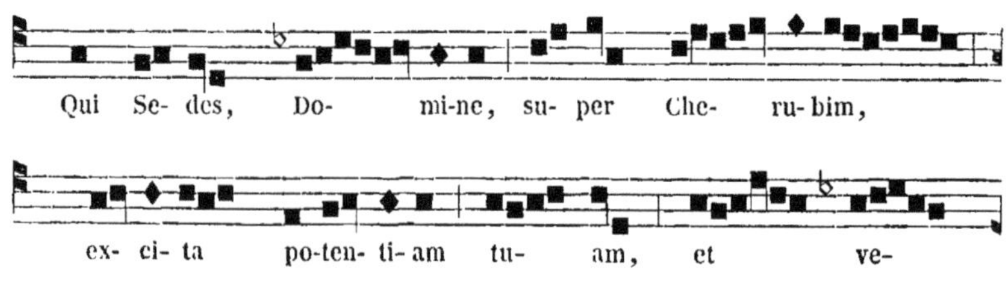

---

[*] C'est cette pièce de chant qui a donné son nom au livre du chant des messes.

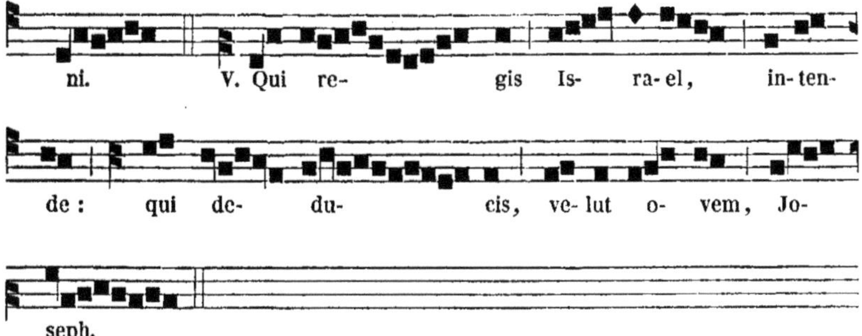

111. Cette grande étendue de l'échelle tonale des graduels peut causer d'autant plus d'incertitude dans la recherche du ton , qu'il est quelquefois difficile d'y distinguer la dominante. Lorsque cette note ne se fait pas remarquer d'une manière assez sensible dans le graduel , il faut examiner le verset qui commence par elle , ou qui l'établit d'une manière certaine dès la première phrase. En appliquant cette règle à l'exemple qu'on vient de voir, on reconnaît que le chant de ce graduel est mixte des septième et huitième tons.

112. Ce qui vient d'être dit des graduels est exactement applicable aux *alleluia*, qui sont aussi suivis d'un verset. Ces *alleluia* suivent immédiatement le graduel depuis Pâques jusqu'au dimanche de septuagésime.

113. Le *trait* remplace l'*alleluia*, depuis le dimanche de septuagésime jusqu'au samedi saint. Cette pièce de chant est ou un psaume , ou quelques versets de psaume qui se chantent avec lenteur sur une mélodie absolument différente de la psalmodie ordinaire, et qui a souvent beaucoup de notes sur une seule syllabe. La tonalité en est ordinairement établie d'une manière régulière, et le dernier verset est presque toujours terminé par une *neume* ou récapitulation du ton. En voici un exemple pris dans le dernier verset du trait du dimanche de Septuagésime :

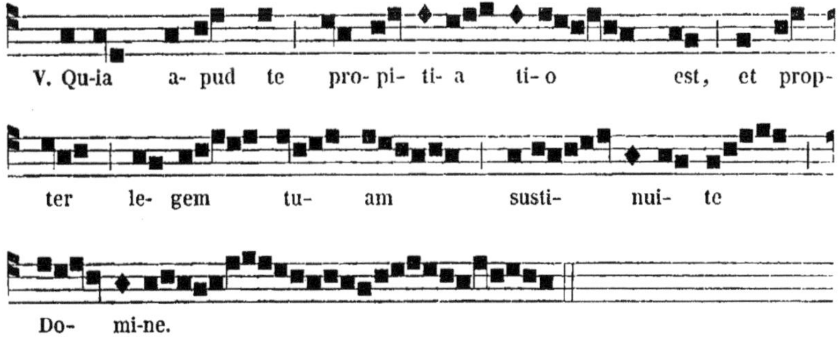

Quiconque aura étudié avec soin , dans les §§ V et VI de cette méthode, la théorie de la tonalité du plain-chant , reconnaîtra sans peine le huitième ton dans ce fragment.

114. Je n'ai rien dit des *Kyrie* et *Gloria* des messes, parce qu'ils se trouvent dans tous les *Graduels*, et parce que c'est la partie du chant romain qui a subi le moins d'altération. La tonalité en est bien décidée et ne laisse point de doute, lorsqu'on a connaissance des lois de cette tonalité.

Les livres de chant ne diffèrent pour ces parties de l'office que dans leur emploi : ainsi, telle messe qui est en usage dans certaines localités pour les solennels majeurs, est chantée dans telle autre aux solennels mineurs, ou même aux doubles; la messe des doubles est aussi quelquefois employée pour la messe des anges, etc.

115. Les proses, appelées *séquences* dans le chant romain, sont d'un usage moins fréquent dans ce chant que dans le *parisien*, où l'on en a admis plusieurs modernes à temps rhythmés.

Les proses se chantent immédiatement avant l'Évangile. Il y en a de plusieurs espèces : la plus simple est celle qui n'a qu'un seul chant qui se répète sur tous les versets; telle est celle des vêpres de la Vierge (*Stabat Mater*), dont le chant, à longues notes et à temps égaux, scande les paroles comme des spondées, excepté à la fin de chaque division de strophe. En voici le commencement :

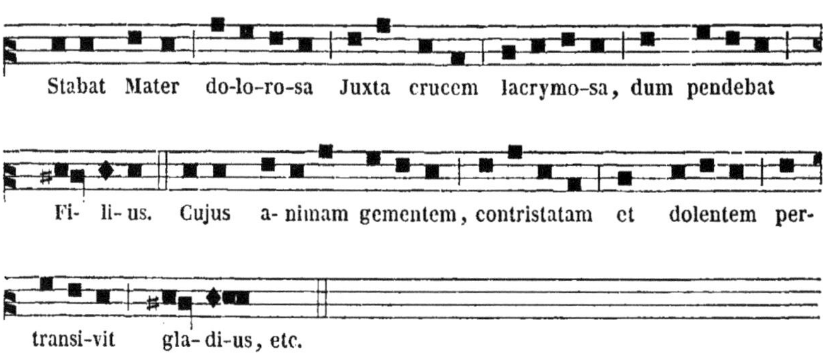

La seconde espèce de proses ou séquences est celle qui se compose de deux ou trois phrases de chant, dont chacune se répète alternativement deux fois. Telle est la prose de la messe des morts (*Dies iræ*), telle est celle des vêpres du Saint-Sacrement *Lauda, Sion*). Elle se chante aussi à temps égaux et longs.

La prose de la messe de Pâques (*Victimæ paschali laudes*), qui appartient à cette espèce, y introduit pourtant une variété, en ce que la première phrase n'y est point répétée, et en ce qu'elle n'est pas absolument syllabique, car on y trouve quelques notes liées sur une seule syllabe.

La troisième sorte de prose est celle dont les paroles sont rhythmées par des longues et brèves alternatives, comme celle du dimanche de la Pentecôte, dont voici le commencement :

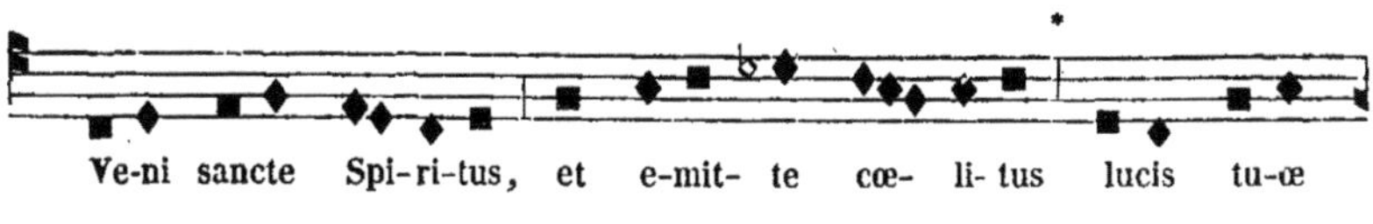

---

* Il y a beaucoup de versions différentes du chant de cette Prose dans les diverses éditions de Graduels : celles de la plupart des éditions françaises portent :

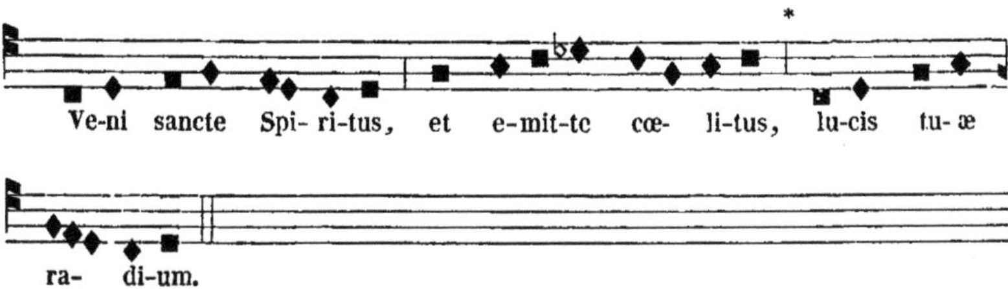

mais jamais les chants composés d'après une bonne théorie de la tonalité n'ont présenté d'exemple du saut de sixte majeure marquée de l'astérisque *.

Le Graduel de Rouen (Paris, Fr. Regnault, 1536, in-4°) fournit une leçon de cette prose qui paraît préférable, pour la régularité du rhythme, à toutes les autres versions, et que je n'ai trouvée que là, ou dans les anciens livres ; la voici :

Les prétendus réformateurs du chant parisien ont adopté une partie de ce rhythme, mais en y intercalant une intonation du plus mauvais goût, que voici :

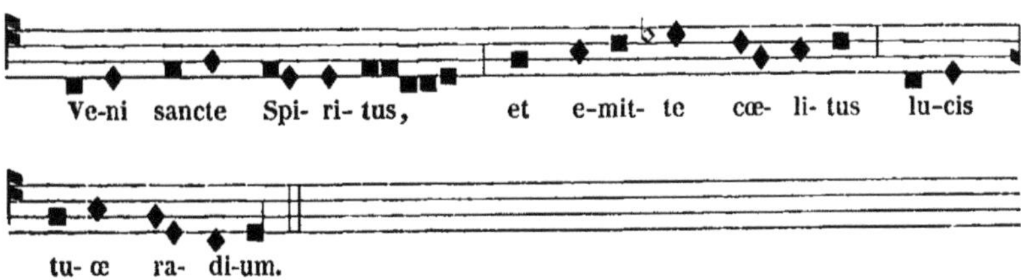

Cette prose n'existe pas dans l'ancienne messe de la Pentecôte : les *Missels* des dixième et onzième siècles n'ont avant l'Évangile que l'*alleluia* avec son verset : *Veni sancte spiritus, reple tuorum corda fidelium, et tui amoris in eis ignem accende.* C'est évidemment ce verset qui a donné naissance à la séquence. On a trop abusé, dans les livres de chant des églises de France, de l'usage de ces proses rhythmées dans le mètre iambique.

116. L'*Offertoire* se chante après le *Credo*, et immédiatement après que le célébrant a dit : *Dominus vobiscum*, et que le chœur a répondu : *Et cum spiritu tuo.* L'*Offertoire*, comme l'*introït*, le *graduel*, le *trait*, l'*alleluia* et la *communion*, sont des pièces particulières du jour ; il faut les chercher dans le *Propre du temps*, dans le *Propre des saints*, ou dans le *Commun des saints*, ou enfin dans les *Messes votives*.

117. Le *Sanctus* et le *Benedictus* sont la suite, ou plutôt la fin de la Préface : on le chante immédiatement après que le célébrant a achevé celle-ci. Le chant de ces parties de la messe se trouve dans la classe de la messe du jour, grand ou petit solennel, double, semi-double, simple, etc.

118. L'*Agnus Dei* se chante avant la communion, et après que le prêtre ayant dit : *Pax Domini sit semper vobiscum*, le chœur a répondu : *Et cum spiritu tuo.* Le chant de cette partie de la messe appartient aussi à l'une des classes qui viennent d'être nommées et se trouve dans le *Graduel*.

119. La *Communion* doit être entonnée après que le prêtre a dit trois fois en voix parlée : *Domine non sum dignus*, etc.

120. L'*Offertoire*, le *Sanctus*, l'*Agnus* et la *Communion*, sont des chants réguliers qui ne présentent aucune difficulté pour reconnaître le ton.

§ XIII.

Du chant des parties de l'Office du soir et de la nuit, ou du matin.

121. L'*Antiphonaire* est divisé comme le *Graduel* en *Propre du temps* et *Commun des saints*.

122. Dans les grands *Antiphonaires* destinés au chœur, on trouvait autrefois le chant

de *Matines*, de *Laudes*, de *Prime*, de *Tierce*, de *Sexte*, de *None*, de *Vêpres* et de *Complies*, parce que ces offices se chantaient aux différentes heures de la nuit et du jour, particulièrement dans les communautés religieuses d'une institution austère. Ainsi, *Matines* ou *Vigiles* se chantaient à minuit ; *Laudes* au point du jour et avant le lever du soleil ; *Prime*, dans la première heure du jour, calculée au temps de l'équinoxe, c'est-à-dire à six heures du matin, suivant le système qui fait commencer le jour à minuit ; *Tierce* était l'office de la troisième heure du jour (neuf heures); *Sexte* l'office de la sixième heure (midi); *None*, l'office de la neuvième heure (trois heures de l'après-midi); *Vêpres* à la dernière heure du jour, avant le coucher du soleil ; *Complies*, une heure après le coucher du soleil (le jour *accompli*).

Le relâchement progressif de la règle a fait réunir plusieurs parties des offices de la nuit et du matin en une seule qui s'appelle aujourd'hui les *Matines*, et celles du soir en une autre qui se nomme les *Vêpres;* celles-ci sont ordinairement suivies du *Salut*. Ce sont ces deux grandes divisions qui composent les *Heures* que tout prêtre est tenu de réciter chaque jour dans son *bréviaire*.

123. Il faut chercher dans les livres de chant notés l'usage de l'église à laquelle on est attaché pour les *Invitatoires*, *Psaumes*, *Antiennes et hymnes* dont se composent les Matines et Vêpres.

124. L'*Invitatoire*, dont il vient d'être parlé, est un chant très-court qui précède le psaume *Venite, exultemus*, et dont le chant particulier se trouve dans les livres notés à l'usage des divers diocèses. Je crois devoir donner ici pour modèle l'invitatoire des Matines des dimanches de l'année, suivi du premier verset du psaume *Venite exultemus.* conformément au chant romain.

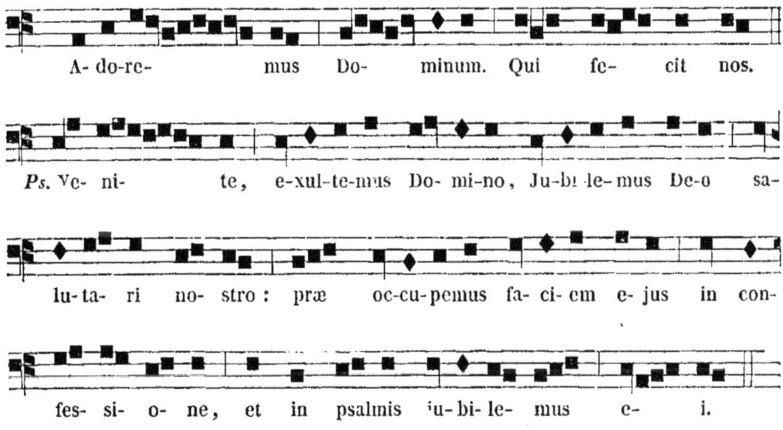

125. Le chant du psaume *Venite, exultemus*, etc., est toujours du même ton que l'*invitatoire;* il varie dans les huit tons ; le chant romain en présente même dix variétés qu'on peut voir en entier dans le *Directorium chori* de Guidetti.

126. Après le psaume on chante l'hymne, qui, depuis l'octave de l'Epiphanie jusqu'au dimanche avant Quadragésime, et depuis le premier dimanche des Calendes

d'octobre jusqu'à l'Avent , est : *Primo die quo Trinitas,* etc., et qui, depuis l'octave de la Pentecôte jusqu'aux Calendes d'octobre est : *Nocte surgentes ,* etc.

127. L'hymne est suivi de trois nocturnes composés chacun de trois antiennes et d'autant de psaumes indiqués dans les livres de chant. Ce qu'on a vu précédemment sur la tonalité des antiennes et de la psalmodie renferme tout ce qu'on peut désirer savoir sur ce sujet.

128. A *Laudes* la première antienne est suivie du psaume : *Dominus regnavit,* etc.; la seconde antienne précède le cantique *Benedicto omnia opera Domini Domino,* etc. ; enfin, la troisième antienne est suivie du psaume : *Laudate Dominum de cœlis,* puis de l'hymne, qui, depuis l'octave de l'Epiphanie jusqu'au dimanche avant le Carême et depuis le premier dimanche des Calendes d'octobre jusqu'à l'Avent, est : *Æterne rerum conditor,* etc., et qui, depuis l'octave de la Pentecôte jusqu'aux Calendes d'octobre est : *Ecce jam noctis.* Il faut consulter les livres du diocèse.

129. A Prime , après les prières dites par le prêtre, on chante l'hymne : *Jam lucis orto sidere ,* suivi de l'antienne et d'un *Répons bref.* C'est ici le lieu d'expliquer ce que sont les *répons* qui se chantent aux heures , et aux vêpres de certains jours solennels.

130. Le *Répons,* ainsi appelé parce qu'il est précédé d'une leçon , se distingue en *grand répons* et *répons bref.*

Il y a des répons dans les huit tons du plain-chant.

Le grand répons est divisé en trois parties , dont la première s'appelle proprement *répons* ; la seconde est le verset ; et la troisième , qui n'est que la reprise du répons, prend le nom de *réclame.*

Le répons se termine toujours par la finale du ton : cette finale détermine le commencement du verset. Je crois devoir donner ici une table des commencements de ces versets , pour les huit tons, avec la finale du répons de ces tons.

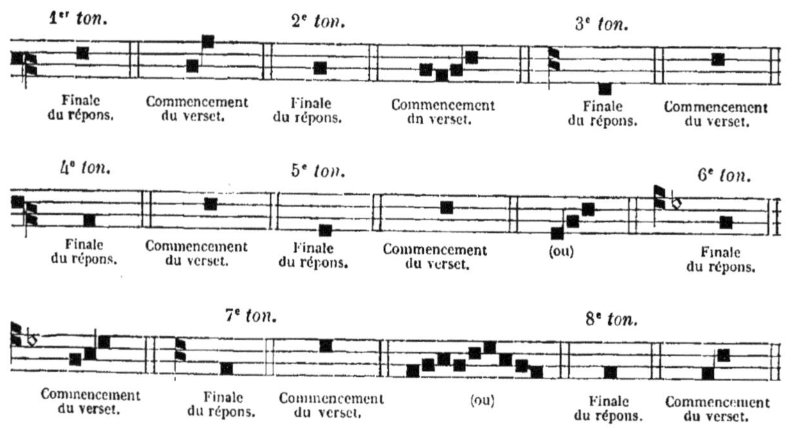

Le répons bref a un verset très-court qui est toujours suivi du *Gloria Patri* du même ton.

131. A *Tierce, Sexte* et *None ,* la disposition du chant de l'office est la même qu'à

Prime, sauf l'hymne , qui varie suivant le jour. Il faut consulter les livres du diocèse.

132. Les *Vêpres* sont toujours composés de cinq antiennes, dont chacune est suivie d'un psaume du même ton , puis on chante l'hymne du jour.

133. L'*Hymne* est une pièce de chant divisé par strophes ou couplets sur lesquels la mélodie se répète exactement.

Il y a des hymnes pour certains temps de l'année; d'autres pour certaines fêtes communes, comme *Tristes erant Apostoli*, du commun des Apôtres, ou *Sanctorum meritis*, du commun de plusieurs martyrs; enfin, il y a des hymnes spécialement destinées à certaines fêtes, comme *Veni Creator* des vêpres de la Pentecôte.

134. Les usages ne sont pas uniformes dans l'église pour les hymnes du temps; ainsi toutes les églises qui suivent le chant romain ont pour l'hymne des vêpres de tous les dimanches de l'Avent : *Creator alme siderum*, tandis que le diocèse de Paris a pour le même temps *Statuta decreto Dei*, dont les paroles différentes sont placées sur le même chant.

135. Les hymnes sont une des parties de l'Antiphonaire qui ont subi le plus d'altérations. Par exemple , le chant de l'hymne : *Creator alme siderum*, qui est simple et peu chargé de notes dans le chant romain pur, et qui a pour commencement :

est plus chargé de notes dans les éditions modernes, où on lit :

En France, où la manie du chant rhythmé a fait altérer toutes les hymnes et les proses, c'est encore pis, car le chant est défiguré de cette manière :

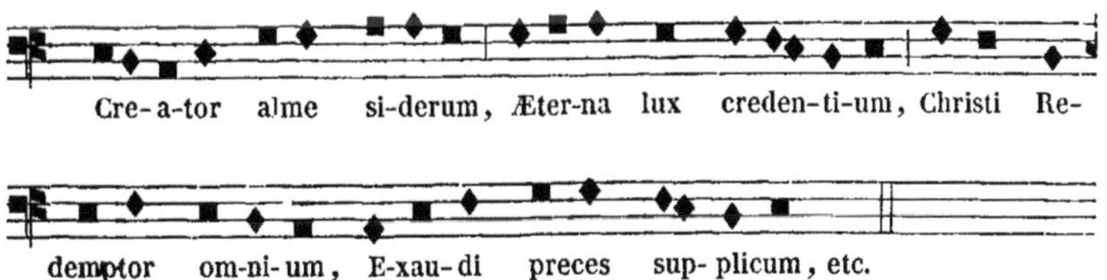

C'est le chant ainsi dénaturé qui a été placé sur les paroles de *Statuta decreto Dei*. En cet état de chose le chantre doit consulter l'Antiphonaire de son église.

136. Après l'hymne , on chante l'antienne du *Magnificat* et ce cantique, puis l'oraison termine les Vêpres, qui sont immédiatement suivies de Complies.

137 Après les prières et leçons, on chante à *Complies* l'antienne, puis les psaumes 4, 30, 90 et 133, suivis de l'hymne : *Te lucis ante terminum.* Après le capitule, on chante le répons bref *In manus,* avec son verset et le *Gloria Patri,* et l'on entonne ensuite le cantique de Siméon : *Nunc Dimittis,* etc. Les prières et oraisons terminent les Complies

138. Le *Salut,* qui suit ordinairement Complies, commence en beaucoup d'églises par une première bénédiction, pendant laquelle on chante les premières strophes de l'hymne de la Fête-Dieu, *Pange lingua.* Vient ensuite l'antienne de la Vierge, du temps. Ces antiennes sont au nombre de quatre. La première, *Alma redemptoris mater,* se dit depuis l'Avent jusqu'à la Purification ; la seconde, *Ave Regina cœlorum,* depuis la Purification jusqu'au jeudi saint ; la troisième, *Regina cœli,* depuis Pâques jusqu'à la Trinité ; enfin, la dernière, *Salve Regina,* depuis la Trinité jusqu'à l'Avent. Il faut consulter, pour l'usage de ces chants, plus ou moins altérés, les livres du diocèse.

139. Après l'Antienne, on dit l'Oraison, puis, en certaines églises, on chante la Prose de la Vierge, *Inviolata;* dans d'autres, l'*Ave verum,* puis les répons et antiennes: *Sancta et immaculata virginitas; Felix es, Sacra virgo Maria,* et *Sub tuum præsidium.* Le salut est terminé par la dernière bénédiction, pendant laquelle on chante les dernières strophes de l'hymne de la Fête-Dieu : *Tantum ergo,* et *Genitori,* etc.

L'usage enseignera beaucoup de choses relatives à la pratique du chant dans l'église, trop longues à détailler dans un ouvrage de la nature de celui-ci.

§ XIV.

De l'émission de la voix et de la prononciation des paroles dans le chant.

140. L'émission de la voix, dans la vaste enceinte d'une église, doit se faire d'une manière puissante et soutenue, ayant soin de respirer sans précipitation, après chaque repos indiqué dans le livre de chant, ou après la fin d'un mot, si la période est trop longue pour être fournie par une seule respiration. La bouche doit être bien ouverte, sans grimacer ni changer sa position naturelle, et le chantre doit s'attacher à donner tout ce qu'il a de volume de son, mais sans forcer sa voix, qui ne résisterait pas à des efforts constants.

141. Le son ne doit prendre ni le caractère guttural, ni le nasal, mais doit venir directement de la poitrine, et se projeter de l'arrière-bouche aux lèvres.

142. Une bonne prononciation aide beaucoup à l'émission d'une bonne sonorité de la voix; c'est pourquoi il est bon de s'exercer d'abord à cette prononciation, en choisissant dans le Graduel et dans l'Antiphonaire les chants les plus syllabiques et les moins chargés de notes, et prononçant d'abord les consonnes avec une sorte d'affectation, qui disparaîtra plus tard, mais qui donnera beaucoup de netteté à l'exécution.

143. A l'égard des chants qui ont plusieurs notes sur une seule syllabe, celle-ci doit être prononcée avec l'émission du son de la première note, ayant soin d'éviter que le son ne se dénature et ne donne un caractère nasal aux syllabes qui se terminent par *m* ou *n,* défaut qui pourrait se reproduire fréquemment en France, où le mau-

vais système de prononciation de la langue latine multiplie les syllabes sourdes et nasales.

144. Dans l'articulation de plusieurs notes sur une syllabe, les sons doivent être liés, et l'on doit éviter de les saccader avec affectation.

Les défauts que je conseille ici d'éviter sont précisément ceux qui rendent l'exécution du plain-chant si grossière et barbare dans la plupart des églises.

145. Ajoutons une dernière observation. Les chants plus ou moins développés disinguent les jours solennels des simples fériés ; cela se remarque particulièrement dans tes *Kyrie*, *Gloria*, *Sanctus* et *Agnus Dei* des messes, qui sont très-courts dans les féries simples. Les chantres ont l'habitude d'abréger encore la durée de ceux-ci par la rapidité du chant, par le motif que le salaire est ordinairement proportionné à la solennité de l'office : quelquefois cette rapidité, jointe à l'air de préoccupation et d'ennui des chantres, va jusqu'à l'indécence. Un pareil abus doit être sévèrement banni du chan de l'office divin.

FIN.

TABLE

DES MATIÈRES TRAITÉES DANS CETTE MÉTHODE.

FIN DE LA TABLE.

9 782329 578194